大学生劳动教育

DAXUESHENG
LAODONG JIAOYU

主　编　何　兴　熊志淘　刘红媛
副主编　周　馨　王媛婷　张雪琼
参　编　张春梅　冯明翠　张爱蜀　冯治流
　　　　王　倩　黎　祥　黄山俊

重庆大学出版社

内容提要

本书根据中共中央、国务院《关于全面加强新时代大中小学劳动教育的意见》,教育部《大中小学劳动教育指导纲要(试行)》等文件精神,结合应用型本科院校的教学特色组织编写而成。

本书分为认识篇和实践篇,共8章,主要内容包括:劳动与劳动教育、劳动观、劳动精神与劳模精神、劳动保护、生活劳动实践、生产性劳动实践、服务性劳动实践、创造性劳动实践。此外,为了启发读者思考、增强可读性,每章末尾设置了"延伸阅读",以加深读者对相关问题的理解。

本书既可作为普通高等学校的劳动教育相关课程的教材,也可作为劳动教育研究者的参考资料。

图书在版编目(CIP)数据

大学生劳动教育 / 何兴,熊志淘,刘红媛主编.
重庆:重庆大学出版社,2024.8. -- ISBN 978-7-5689-4649-0

Ⅰ.G40-015

中国国家版本馆 CIP 数据核字第 2024WG3070 号

大学生劳动教育

主 编 何 兴 熊志淘 刘红媛
副主编 周 馨 王媛婷 张雪琼
责任编辑:范 琪 版式设计:范 琪
责任校对:关德强 责任印制:张 策

*
重庆大学出版社出版发行
出版人:陈晓阳
社址:重庆市沙坪坝区大学城西路 21 号
邮编:401331
电话:(023)88617190 88617185(中小学)
传真:(023)88617186 88617166
网址:http://www.cqup.com.cn
邮箱:fxk@cqup.com.cn(营销中心)
全国新华书店经销
重庆华林天美印务有限公司印刷
*
开本:787mm×1092mm 1/16 印张:13 字数:231 千
2024 年 8 月第 1 版 2024 年 8 月第 1 次印刷
印数:1—5 000
ISBN 978-7-5689-4649-0 定价:45.00 元

2020年3月20日，中共中央、国务院正式颁布了《关于全面加强新时代大中小学劳动教育的意见》（以下简称《意见》），这份具有深远影响的政策文件，标志着我国教育领域对于劳动教育的高度重视和全新布局。这份《意见》如同一盏明灯，照亮了新时代劳动教育的发展方向，为培养德智体美劳全面发展的社会主义建设者和接班人指明了前行道路。

《意见》明确强调，要将劳动教育纳入学校课程体系之中，使其成为每一位学生成长道路上不可或缺的一环。这一决策，既是对传统教育观念的革新，也是对新时代教育需求的积极回应。为了深入学习领会习近平新时代中国特色社会主义思想，全面贯彻落实全国教育大会精神，切实加强大学生劳动教育的新要求，我们进行了"大学生劳动教育"课程建设的深入探索。

本课程的建设，旨在引导大学生深刻认识劳动的价值和意义，树立正确的劳动观念，培养热爱劳动、尊重劳动、崇尚劳动的良好品质。编者希望通过这门课程，让大学生真正上好劳动教育这门"必修课"，在亲身参与和体验中，感受劳动的艰辛与快乐，理解劳动对于个人成长和社会发展的重要性。

本书严格遵循中共中央、国务院《关于全面加强新时代大中小学劳动教育的意见》，教育部《大中小学劳动教育指导纲要（试行）》等文件进行编写。全书分为认识篇和实践篇两大板块，共8章。认识篇包括劳动与劳动教育、劳动观、劳动精神与劳模精神、劳动保护，从劳动与劳动教育的概念入手，深入阐述了劳动观、劳动精神与劳模精神的内涵，以及劳动保护的重要性；实践篇包括生活劳动实践、生产性劳动实践、服务性劳动实践、创造性劳动实践，通过具体案例和实践活动，引导学生将理论知识转化为实践能力，进一步提升劳动素养。

在编写过程中，编者参阅了大量已有研究成果，力求确保本书内容的科学性、前瞻性和实用性。同时，本书注重拓展学生的阅读视野和思维深度，在每一章末尾设置了"延伸阅读"，引导学生深入思考相关问题，形成自己的见解和认识。

本书的编写团队由一批具有丰富教学经验和研究能力的专家学者组成。主编何兴、熊志淘、刘红媛，在劳动教育领域有着深厚的学术造诣和实践经验，为本书的编写提供了有力的学术支撑；副主编周馨、王媛婷、张雪琼，参编张春梅、冯明翠、张爱蜀、冯治流、王倩、黎祥、黄山俊则以其严谨的治学态度和扎实的专业知识，为本书的编写提供了重要的质量保证。此外，我们还要感谢绵阳城市学院詹廷君副教授在课程建设和教材构思方面给予的指导和建议。

我们深知，劳动教育不仅是学校教育的重要组成部分，更是培养社会主义建设者和接班人的关键环节。因此，本书的出版，既是对党和国家关于劳动教育政策的积极响应，也是对广大师生和社会各界人士的真诚奉献。

在本书的编写过程中，我们始终坚持以习近平新时代中国特色社会主义思想为指导，全面贯彻党的教育方针，注重培养学生的创新精神和实践能力。我们希望通过本书的推广和使用，能够进一步推动劳动教育在高校的普及和深化，为培养更多具有社会责任感、创新精神和实践能力的高素质人才贡献力量。

同时，我们也清醒地认识到，劳动教育是一个长期而艰巨的任务，需要全社会的共同努力和持续关注。我们将以此为契机，进一步加强与各界人士的沟通与合作，共同探索劳动教育的有效途径和方法，为推动我国教育事业的全面发展贡献智慧和力量。

在未来的日子里，我们将继续关注劳动教育的最新动态和实践成果，不断更新和完善教材内容，确保本书始终保持与时俱进的特点。同时，我们也热切期盼广大读者能够积极参与本书的讨论和交流，共同推动我国劳动教育事业不断向前发展。

虽然我们已经尽最大努力来确保本书的质量和水平，但由于水平所限，难免存在不足之处。我们真诚地希望广大读者能够提出宝贵的批评和建议，以便我们不断改进和完善本书，为推动我国劳动教育事业的发展贡献绵薄之力。

最后，我们要再次感谢所有为本书编写和出版付出辛勤努力的同志们，感谢你们的无私奉献和辛勤工作。同时，我们也衷心希望本书能够得到广大读者的喜爱和认可，为我国劳动教育事业的发展注入新的活力和动力。

编　者

2024年5月

认识篇

实践篇

第五章　生活劳动实践

第六章　生产劳动实践

第七章　服务性劳动实践

第八章　创造性劳动实践

参考文献

认识篇

第一章 劳动与劳动教育

劳动是理解人类社会历史和人自身的"钥匙",对一切社会问题都应该从劳动实践出发去理解。新时代的大学生必须清楚什么是劳动,才能更好地理解其他社会问题。同时,高等学校肩负着为国家培养社会主义事业建设者和接班人的重任,担负着"为人民服务,为中国共产党治国理政服务,为巩固和发展中国特色社会主义制度服务,为改革开放和社会主义现代化建设服务"的神圣使命。新时代加强大学生的劳动教育,是构建德智体美劳全面培养的教育体系、形成更高水平的人才培养体系的必然要求。所以,劳动是什么? 什么是劳动教育? 这是必须厘清的基本概念。

第一节 劳动概述

当我们试图深入理解劳动的本质时,首先要明确一个核心问题:劳动究竟是什么? 劳动,作为一种实践活动,无疑是生活中不可或缺的一部分。然而,与其他实践活动相比,劳动的特点和意义又是什么呢? 这个问题引起了众多思想家的关注和思考。从近代开始,西方思想家们开始对劳动的本质进行深入探讨,他们从不同的角度出发,提出了许多有意义的观点。这些观点不仅丰富了我们对劳动的认识,还为我们理解劳动在现代社会中的地位和价值提供了重要的启示。

一、劳动的本质与意义

劳动,这一词汇看似平凡,却包含着人类社会发展的基础与动力。它是人类生存和发展的必然要求,也是我们理解个体与社会的重要桥梁。一方面,劳动的本质是创造,无论是物质财富的创造,还是文化价值的孕育,劳动都是其源泉所在。正是通过劳动,人类才能够不断满足自身需求,提升生活质量,推动社会进步。劳动不仅仅是双手的劳作,更是智慧的结晶,每一次技术革新,每一次社会变革,都离不开劳动的推动。另一方面,劳动的意义远超过其功能性,它不仅关乎生存,更关乎人类的尊严和价值。通过劳动,个体能够实现自我价值,获得成就感和满足感。同时,劳动也是个体与社会连接的纽带,通过共同劳动,人们形成了各种社会关系,构建了丰富多彩的社会生活。

(一)劳动的定义与内涵

劳动是人类社会生存和发展的基础,主要是指生产物质资料的过程,通常是指能够对外输出劳动量或劳动价值的人类运动,劳动是人维持自我生存和自我发展的唯一手段。劳动是一个多维度、多层面的概念,它既可以从广义的角度去理解,也可以从狭义的角度去界定。

1.劳动的广义定义

在广义上,劳动可以被理解为人类为了生存和发展而进行的所有活动。这种活动不仅仅局限于经济领域,还涵盖了人类生活的方方面面。广义的劳动包括了从最基本的生存活动,如食物采集、狩猎、种植,到更为复杂的创造性活动,如科学研究、艺术创作、社会管理等。通过劳动,人类不仅能够满足自身的基本生存需求,更能够创造出丰富多彩的精神文化产品。广义的劳动不仅包括了体力劳动,即那些依赖身体力量进行的活动,如建筑、搬运、制造等,也包括了脑力劳动,即那些依赖智力、知识和技能进行的创造性活动,如设计、研发、管理等。广义的劳动还强调了劳动的社会性和历史性。劳动总是在一定的社会关系和历史条件下进行的,它受到社会制度、文化传统、经济发展水平等多种因素的影响。在不同的社会和历史阶段,劳动的形式和内容都会发生相应的变化,因此,广义的劳动不仅是一个经济学概念,更是一个社会学和历史学概念。它揭示了劳动与社会、历史之间的密切联系,展现了劳动在人类社会发展中的重要地位和作用。

2.劳动的狭义定义

与广义的劳动定义相比,狭义的劳动定义则更加侧重于劳动的经济属性和市场关系。在狭义上,劳动通常被理解为在特定的生产关系下,为了获取报酬或实现某种经济目的而进行的体力和脑力支出,这种理解主要侧重于劳动的经济属性和市场关系。在这种理解下,劳动是劳动力的使用,即劳动者通过出卖自己的劳动力,在雇佣关系的约束下为雇主提供劳动服务。这种劳动通常以工资或薪水作为报酬,是市场经济条件下资源配置的重要手段。狭义的劳动主要关注劳动的量化方面,如劳动时间、劳动强度、劳动生产率等,而忽视了劳动的质量方面,如劳动的创造性、劳动者的主观感受等。此外,狭义的劳动还往往将劳动视为一种成本,而忽视了劳动对个人成长和社会发展的积极作用。随着经济社会的发展和人们对劳动认识的深化,狭义的劳动定义也在不断地被拓展和深化。现代人力资源管理理念强调了对劳动者个人发展和工作满意度的关注,从而使得劳动不再仅仅是一种经济行为,而是更多地与人的全面发展和社会进步联系在一起。例如,许多企业开始注重员工的工作环境和福利待遇,关注员工的职业发展和个人成长,以提高员工的工作满意度和忠诚度。这些变化都反映了人们对于劳动认识的深化和拓展。

3.劳动的内涵

马克思认为,劳动是人类的本质活动,是人类与自然界相互作用的过程。对于真正自由的劳动来说,个体可以在自身创造的世界中直观自己,将自己的意识和内在尺度运用于对象之上。因此,劳动的产品或劳动的现实化,也就是劳动者个体主观意识的外在化或对象化。劳动的内涵主要体现在其价值的创造与实现、文化的塑造与传承、发展的促进与保障、社会公平正义的重要保障等方面。

劳动是价值的创造与实现过程。在劳动中,人们运用智慧和力量,将自然资源转化为社会财富,创造出满足人类需求的物质产品和精神成果。这种转化不仅体现了人类的主观能动性,也揭示了劳动对于社会发展的重要推动作用。同时,劳动也是个人价值实现的重要途径,每个人都可以通过劳动展现自己的才能,实现自我价值。

劳动是文化的塑造与传承过程。劳动不仅创造了物质财富,也孕育了人类的精神文化。在长期的劳动实践中,人类积累了丰富的经验和智慧,形成了各具特色的文化传统和民族精神。这些文化和精神在劳动中得到传承和发展,成为人类社会宝贵的财富。此外,劳动还是个体社会化的重要途径,通过参与劳动,人们可以学习到社会规范、道德准则和职业技能,从而更好地融入社会、服务社会。在劳动中,人们还可以与他人建立联系、交流情感,形成和谐的人际关系和社会氛围。

劳动是发展的促进与保障。劳动不仅推动了社会生产力的发展,也促进了社会关系的变革。在劳动中,人们不断探索新的生产方式和组织形式,提高生产效率和质量,推动社会经济的持续发展。

劳动也是社会公平正义的重要保障。在合理的劳动制度下,每个人都可以通过劳动获得相应的报酬和权益,实现社会财富的公平分配。这不仅有利于缩小贫富差距、缓和社会矛盾,也有利于激发社会活力和创造力,推动社会的和谐稳定发展。

劳动具有教育与自我提升的意义,是一种实践性的教育活动,它可以让人们亲身体验到生活的艰辛和不易,从而更加珍惜劳动成果和尊重他人的劳动。在劳动中,人们还可以学习到各种技能和知识,提高自己的综合素质和能力水平,这种教育不仅有利于个人的成长和发展,也有利于社会的进步和繁荣。

劳动具有丰富的内涵和深远的意义,它不仅创造了物质财富和精神财富,也塑造了文化传统和民族精神;它不仅推动了社会的发展和变革,也保障了社会的公平和正义;它不仅是一种实践性的教育活动,也是一种自我提升和成长的过程。因此,我们应该重视劳动、尊重劳动、参与劳动,让劳动成为我们生活的重要组成部分,让劳动的价值和意义在我们的生活中得到充分的体现和发挥。

(二)劳动的历史演变

1.古代社会的劳动

美国思想家、政治理论家汉娜·阿伦特在其经典著作《人的境况》中,对人的积极生活进行了深入剖析,将其划分为三种基本形式:劳动(labour)、工作(work)和行动(action)。她指出,劳动是人类最基本、最古老的活动,与人的身体生物过程紧密相连,它不仅是为了满足基本的生存需求,也是人类生存和发展的基础。工作是人们创造"人造"事物的活动,它超越了自然界的限制,让人类得以创造和发展自己的文明,工作不仅包括物质生产,还包括精神文化的创造。而行动则是一种人与人之间的交互活动,它不依赖于物质或事物作为中介。行动体现了人类的自主性和自由意志,它是一种无中介的行为,人们通过行动来实现自己的意愿和目标。阿伦特进一步分析道,劳动是以体力为基础来获取生活必需品的活动,因此劳动者往往是体力工作者。在古希腊时期,奴隶是这种生活必需品的主要生产者。由于劳动者常常处于被奴役的状态,且他们的辛劳往往只让少数统治阶级得以享受自由和闲暇,因此在东西方古代社会中,普遍存在着蔑视劳动的社会意识。劳动者因缺乏自由而被视为低人一等,相反,那些不劳动的人却因为不需要以身体的辛劳来获取生活必需品,从而把自己从身体的辛劳中解放出来,并拥有了从事政治生活的自由时间。《论语》中这段孔子和樊迟之间的对话典型地反映出了那个时代的人们对于劳动的看法:樊迟请学稼。子曰:"吾不如老农。"请学为圃。曰:"吾不如老圃。"樊迟出。子曰:"小人哉,樊须也! 上好礼,则民莫敢不敬;上好义,则民莫敢不服;上好信,则民莫敢不用情。夫如是,则四方之民襁负其子而至矣,焉用稼?"(译:樊迟请求学习种庄稼。孔子说:"这个我不如老农。"樊迟又请求学习种菜。孔子说:"这个我不如老菜农。"樊迟出去了。孔子说:"真是个小人啊,樊迟! 统治者讲究礼仪,百姓就不敢不尊敬;统治者喜好仁义,百姓就不敢不服从;统治者诚实守信,百姓就不敢不说出实情。如果做到这样,那么四方的百姓就会背着幼小的子女来投奔,何必要自己来种庄稼呢?")这种对于劳动的轻视和歧视一直延续至今,仍然影响着人们对于劳动的态度和价值观念。

2.近代社会的劳动

在近代的历史进程中,人们对于劳动的理解经历了深刻的变革。这一变革的实质在于,劳动从一个被人蔑视的活动,逐渐上升到被视为人的存在和价值的核心地位。这种转变并非一蹴而就,而是在社会、经济和哲学的多重影响下逐步形成的。对于马克思来说,传统劳作与制作的区分,或者生产劳动和非生产劳动的区分,即将创造新事物的活动与获取生活必需品的活动加以区分的意识消失了。他主张,劳动的本质不应该仅仅局限于其产出的物质价值,而应该更广泛地理解为人的自我实现和社会参与的过程。马克思进一步指出,劳动具有双重性质。一方面,它是人类劳动力在生理学层面上的消耗,表现为一种普遍的、抽象的劳动,就相同的或抽象的人类劳动这个属性来说,它形成商品价值。另一方面,劳动也是人类劳动力在特定目的和形式上的消耗,表现为具体的、有用的劳动,就具体的有用的劳动这个属性来说,它生产使用价值。这种对劳动的全新理解,不仅打破了传统劳动观念的束缚,也为后来的劳动者权益保护、劳动价值论和社会主义运动提供了重要的理论基础。

恩格斯在第4版《资本论》中加了条注释:"英语有一个优点,它有两个不同的词来表达劳动的这两个不同的方面。创造使用价值的并在质上得到规定的劳动叫作work,以与labour相对;创造价值的并且只在量上被计算的劳动叫作labour,以与work相对。"工作和生产劳动,在本质上都是活劳动力所产出的结果,同时也是生命过程的一种功能体现。它们都涉及人的体力或脑力的支出,都承载着创造价值和使用价值的双重任务,只不过,在不同的语境和目的下,人们可能会更加侧重于其中的某一方面。劳动观念的演变历史,实际上也是人类社会价值观念变迁的一个缩影。在古代的社会理论中,劳动往往被视为低贱和被人蔑视的活动。例如,在亚里士多德的哲学体系中,我们可以清晰地看到实践的概念,而劳动的概念却几乎难以觅得踪影。然而,到了近代社会理论的发展阶段,劳动开始被赋予了新的意义和价值,逐渐受到了人们的崇尚和推崇。这一转变在马克思的哲学著作和政治经济学著述中得到了最为鲜明和深刻的体现。

3. 当代社会的劳动

新中国成立以来,劳动一直被社会所推崇。历经战火洗礼和外来侵略的苦难岁月,我们深知,唯有通过辛勤的劳动,特别是生产劳动,才能为社会创造源源不断的财富,进而实现国家的繁荣与强盛。在那段艰难的历史时期,我国的社会经济发展水平与西方发达国家相比,显得尤为落后。要想屹立于世界民族之林,将我国建设成为一个富强、民主、文明、和谐、美丽的社会主义现代化强国,劳动成了唯一且不可或缺的途径。因此,进入社会主义建设时期,劳动一直为整个社会所推崇。不仅如此,劳动还被视为改造思想、提升道德品质的重要手段,通过革命根据地时期的探索和实践,已经被实践证明是真理。毛泽东同志在不同历史时期都反复强调劳动的教育价值,无论是在干部教育、民众教育,还是在社会主义改造时期的知识分子再教育中,劳动都占据着举足轻重的地位。在劳动中,人们学会了团结协作、吃苦耐劳、勇于创新,这些优秀品质对于一个国家、一个民族的发展至关重要。因此,无论是在社会主义建设初期,还是在改革开放新时期,劳动始终被视为推动社会进步和发展的重要力量。

在新时代的背景下,习近平总书记不断在各种重要场合强调劳动的意义和价值,这是对全体人民的深刻号召,也是对时代精神的精准把握。他明确指出,劳动是一切成功的必经之路。当前,全国各族人民正满怀信心为实现"两个一百年"奋斗目标而努力。实现我们确立的奋斗目标,归根到底要靠辛勤劳动、诚实劳动、科学劳动。我们要在全社会大力弘扬劳动光荣、知识崇高、人才宝贵、创造伟大的时代新风,促使全体社会成员弘扬劳动精神,推动全社会热爱劳动、投身劳动、爱岗敬业,为改革开放和社会主义现代化建设贡献自己的智慧和力量。2015年在庆祝"五一"国际劳动节暨表彰全国劳动模范和先进工作者大会上,习近平总书记发表了重要讲话。他强调,全面建成小康社会,进而建成富强民主文明和谐的社会主义现代化国家,根本上靠劳动、靠劳动者创造。因此,无论时代条件如何变化,我们始终都要崇尚劳动、尊重劳动者,始终重视发挥工人阶级和广大劳动群众的主力军作用。

(三)劳动的价值

1.劳动的经济价值

劳动作为生产要素的核心,对经济增长和社会发展起着至关重要的作用。在经济层面上,劳动的价值首先体现在财富的创造上。人类通过劳动将自然资源转化为有用的产品和服务,满足了人们日益增长的物质和文化需求。这种转化过程不仅创造了使用价值,还为社会积累了财富。劳动的经济价值还体现在其对经济增长的推动作用上。在现代化进程中,各种职业和行业的劳动都为经济的繁荣和社会的进步作出了重要贡献。无论是制造业的工人、服务业的员工还是科技领域的研发人员,他们的劳动都是推动经济增长的重要力量。通过不断创新和提高生产效率,劳动促进了产业结构的升级和经济的持续发展。劳动还是实现个人经济独立和改善生活条件的重要途径。对于个人而言,劳动不仅为个人提供了物质保障,还为其带来了社会地位和尊重。在全球化背景下,劳动的经济价值更加凸显,各国间的贸易往来、技术合作和文化交流都离不开劳动的参与和贡献。

2.劳动的社会价值

在社会层面上,劳动是构建和谐社会和实现社会公平的重要基石。劳动为社会提供了稳定的就业岗位和收入来源,使得人们能够安居乐业、共享社会发展成果。同时,劳动过程中的团结协作和相互支持有助于培养社会责任感和集体荣誉感,增强了社会的凝聚力和向心力。劳动还是社会流动和社会整合的重要途径。在一个公平的社会环境中,每个人都有机会通过劳动实现自己的梦想和追求。无论性别、年龄、种族还是社会地位,劳动都为每个人提供了平等竞争的机会。这种机会公平不仅有助于激发社会的活力和创造力,还有利于形成开放、包容、多元的社会氛围。劳动对于培养个人的道德品质和社会责任感也具有重要意义。在劳动中,人们学会了勤奋、诚实、守信等优秀品质,这些品质对于维护社会秩序和促进社会和谐至关重要。同时,通过参与社会劳动,人们更加深刻地认识到自己的社会责任和使命,积极投身于社会公益事业和志愿服务活动中,为社会的进步和发展贡献自己的力量。

3.劳动的个人价值

在个人层面上,劳动是个人成长和自我实现的重要途径。通过劳动,人们可以发挥自己的潜能和创造力,不断提升自己的技能和能力。劳动过程中的挑战和困难有助于培养个人的意志力和解决问题的能力。这些经历和成长对于个人的未来发展具有重要意义。劳动也是个人与社会互动和交流的重要平台。在劳动中，人们结交了同事、朋友和合作伙伴，扩大了自己的社交圈。通过与他人的交流和合作，人们不仅学到了新的知识和技能，还学会了如何与他人相处、如何沟通和协调。这些社交能力和人际关系对于个人的职业发展和生活幸福都至关重要。更重要的是，劳动帮助个人建立了正确的人生观和价值观。在劳动中，人们不仅学会了如何生存和发展，更学会了如何承担责任、如何为他人和社会作出贡献，这种责任感和使命感将伴随个人一生，成为其人生道路上的宝贵财富。通过劳动，个人不仅实现了自我价值，也为社会的进步和发展作出了贡献。这种贡献不仅体现在经济层面上的财富创造和增长，更体现在社会层面上的和谐构建和公平基石以及个人层面上的自我实现和成长阶梯。

二、劳动的形态

劳动的形态指的是人类在与自然互动的过程中，所采取的不同表现形式和具体状态。在劳动的自然形态中，我们可以将其细分为生产劳动和非生产劳动，反映了人类在创造财富和满足需求方面的不同活动。劳动的具体状态包括日常生活劳动、服务性劳动和生产劳动，展现了劳动在多个领域的广泛应用。从技术维度来看，劳动形态可分为传统形态和新的劳动形态。传统形态涵盖了历史上的狩猎、农耕以及手工业劳动等，而新的劳动形态则主要关联着信息时代的数字化、自动化和智能化发展。这些不同维度有助于我们全面理解劳动在不同层面的演变和多样性。

(一)生产劳动与非生产劳动

1. 生产劳动

生产劳动的概念在理论层面上存在多样的阐释。从特定社会形式和实现生产关系的角度来看，生产劳动是与资本直接交换并能够创造剩余价值的劳动。从劳动的物质规定性来看，生产劳动是指创造物质财富的劳动，即在一个特定环境中固定或物化的劳动。因此，生产劳动主要涉及物质生产劳动。这个定义可以进一步理解为，在生产过程中，劳动者运用其智力和体力，通过劳动资料对劳动对象进行干预，从而使劳动对象改变为另外一种形式的耐久的对象,这样的劳动被称为生产劳动。在这个过程中,劳动者通过改变物质的形态和性质,创造出新的有用价值,进而为社会创造财富。生产劳动的重要性在于它是社会发展和繁荣的基础。通过劳动者的努力,资源得以转化为有形的产品,满足人们的需求,并促使社会的经济增长。劳动者在这个过程中不仅仅是简单地执行任务,更是通过智力和创造性的活动,推动着技术和社会结构的不断进步。

对于生产劳动的理论理解可以分为宽泛和狭窄两种,但无论是哪种理论,生产劳动始终被认为是与生产密切相关的活动。这一观点展示了生产劳动的多种具体形式,其中包括农业生产劳动和工业生产劳动等。农业生产劳动涵盖了诸多方面,包括粮食、棉花、油料、蔬菜、肉类等农产品的生产,以及其他经济作物、绿肥作物、饲养作物等。我们的日常生活离不开农业生产劳动的成果,粮食、棉花、油料、蔬菜、肉类等生活必需品都是农产品的产物。此外,工业领域所需的许多原材料也是通过农业生产劳动得到的。因此,农业生产劳动不仅为人类提供了食物和日常用品,还为工业生产提供了必不可少的资源。工业生产劳动涉及直接或间接从事工业产品生产和工业性劳务的劳动力支出。这包括基本生产工人、辅助生产工人、设计人员、管理人员的脑力劳动,以及为生产产品不可或缺的搬运、运输工人,甚至从事修理、安装等劳务作业的人员的劳动。从劳动部门上看,工业生产劳动又可细分为轻工业劳动、重工业劳动和基本建设劳动,呈现出多层次、多方面的劳动组织形式。农业生产劳动和工业生产劳动的交汇点是在生产的全过程中,从原材料的生产、加工,到最终产品的制造,都离不开这两者的相互协作。农业提供了丰富的原材料,而工业则将这些原材料加工、转化为各类产品,最终满足人们多方面的需求。

2.非生产劳动

非生产劳动是相对于生产劳动而言的一个概念。在《资本论》中,马克思对非生产劳动进行了定义,将其界定为以服务直接与收入交换的劳动,其中绝大部分提供个人服务,只有少数(如厨师、女裁缝、缝补工等)从事生产物质使用价值的劳动。总体而言,非生产劳动指的是直接或间接从事非物质资料生产的劳动。非生产劳动并非人类社会最初就存在的,而是在生产劳动的生产力能够提供剩余产品之后才出现的,其基础建立在物质资料的生产之上。随着社会的进步和物质生产的日益丰富,人们对精神生活、医疗保健、生活服务等方面的需求也在不断增长,这促使非生产劳动呈现出逐渐扩大的趋势。自非生产劳动在人类社会中出现以来,它就与生产劳动一样,成了社会分工体系中不可或缺的一部分。这种劳动形式涵盖了广泛的领域,包括基础科学研究、教育、文学艺术、医疗护理、商品交易、商业广告和生活服务等多种活动。这些领域的劳动不直接产生物质产品,而是为社会提供了诸多其他方面的需求和服务。非生产劳动的扩大与社会的发展和需求密切相关。随着人们对文化、健康、教育等方面需求的不断提升,非生产劳动的范围和重要性逐渐增加。这种劳动形式与生产劳动相互依存,共同构成了社会分工的综合体。

3. 生产劳动者与非生产劳动者之间的差别

生产劳动创造物质财富,直接参与产品或服务的制造;非生产劳动则提供服务或支持,不直接产生物质产品。简言之,生产劳动注重物质产出,非生产劳动侧重于服务或非物质性贡献。由此我们也可以看到生产劳动者和非生产劳动者之间的差别,这一差别主要体现在劳动的目标和产出方面。生产劳动者的主要任务是创造产品,而非生产劳动者则专注于生产使用价值,这包括想象中或实际中的使用价值,而非具体的产品。这就是说,生产劳动者仅仅生产产品,而非生产劳动者则主要是提供服务。这种差别可以从以下四个方面进行具体的阐述。

第一,在物质生产中直接参与脑力劳动、在产品中固定和实现的各类劳动,也是属于生产劳动的一部分。例如,工厂的管理者、工程师、经理等,在特定物质生产领域内为生产某一产品所必需的各类人员,他们的劳动也是属于生产劳动的范畴。这些人通过管理、设计等工作,直接参与了物质产品的生产过程,使产品的质量和效率得以提升。

第二,生产劳动和非生产劳动在劳动成果上有所不同。生产劳动者的劳动成果是具体的产品,这些产品可以被储存、运输和销售。而非生产劳动者的劳动成果往往是服务,这种服务一旦提供,就会立即消失,无法储存和运输。马克思说:"我叫到家里来缝制衬衣的女裁缝,或修理家具的工人,或清扫、收拾房子等的仆人,或烹调肉食等的女厨师,他们也完全和在工厂做工的女裁缝、修理机器的机械师、洗刷机器的工人以及作为资本家的雇佣工人在饭店干活的女厨师一样,把自己的劳动固定在某种物上,并且使这些物的价值提高了。他们所生产的使用价值,从可能性上来讲,也是商品;衬衣可能拿到当铺去当掉,房子可能卖掉,家具可能拍卖等。因此,上述人员从可能性来讲,也生产了商品,把价值加到了自己的劳动对象上。但是他们是非生产劳动中的极少的一部分人。"这也是生产劳动和非生产劳动之间的第二个差异,即是生产性的还是消费性的。

第三,生产劳动者通过将自己的劳动凝结到劳动对象上,创造出新的价值。这种劳动是一种物质性的劳动,它改变了劳动对象的形态和性质。而非生产劳动者则是通过提供服务来创造价值。他们的劳动是一种非物质性的劳动,它不会改变劳动对象的形态和性质,但会提高劳动对象的使用价值。

第四,生产劳动和非生产劳动在劳动的范围上也有所不同。马克思指出,整个商品世界可以分为两大部分,劳动能力和不同于劳动能力本身的商品。虽然生产劳动主要集中在物质生产领域,但非生产劳动却广泛存在于社会的各个领域。教育、医疗、娱乐、艺术等行业,都是非生产劳动的重要领域。因此,劳动力本身也具有生产费用。但在形式上,劳动力的生产被归属于非生产劳动。

总体而言,生产劳动和非生产劳动之间的差异在于其所专注的目标和劳动的产出方面。生产劳动者以创造有形的产品为主,而非生产劳动者则专注于提供服务,这些服务的消失性质使其与生产劳动者有了显著的区别。这一差异不仅在劳动的性质上有所体现,还在社会分工和资源分配中扮演着重要的角色。

(二)日常生活劳动、服务性劳动和创造性劳动

中共中央、国务院于2020年3月印发《关于全面加强新时代大中小学劳动教育的意见》(以下简称《意见》),提出了"确定劳动教育内容要求"的指导方针。《意见》强调要根据教育目标,针对不同学段、类型学生特点,以日常生活劳动、生产劳动和服务性劳动为主要内容开展劳动教育。同时,要结合产业新业态和劳动新形态,注重选择新型服务性劳动的内容。本节将聚焦于日常生活劳动、服务性劳动和创造性劳动进行介绍,以进一步推动劳动教育的全面实施。

1.日常生活劳动

日常生活劳动是指人们在日常生活中所从事的各种劳动活动,它是每个人生活中不可或缺的一部分。这些劳动活动看似琐碎,但实际上对于培养人们的劳动习惯、自理能力和责任感等方面都有着重要的意义。我们可以将日常生活劳动大致分为两个主要方面:家务劳动和个人事务处理。

家务劳动是家庭成员为维持家庭日常生活所进行的一系列劳动活动。这包括但不限于清洁、烹饪、洗衣、整理房间、照顾家庭成员(如孩子、老人或宠物)等。家务劳动是每个家庭成员都应承担的责任,它不仅关乎个人的生活自理能力,更体现了对家庭的关爱和贡献。通过参与家务劳动,我们能够学习到许多实用的生活技能。例如,烹饪可以让我们学会合理搭

配食材、掌握各种烹饪技巧,从而制作出美味可口的食物;清洁和整理则有助于我们养成良好的卫生习惯,保持生活环境的整洁和舒适。此外,家务劳动还是培养我们责任感和团结协作精神的重要途径。在家庭中,每个成员都承担一定的家务劳动,这不仅是对自己负责,也是对家庭负责的表现。通过共同分担家务劳动,家庭成员之间能够增进理解、加深感情,形成和谐融洽的家庭氛围。

个人事务处理是指个人在日常生活中需要自行处理的各种事务,包括个人卫生管理(如洗澡、理发、修剪指甲等)、衣物整理与保养、个人物品管理与维护(如书籍、电子产品等)、时间管理与规划等。这些事务虽然看似琐碎,但对于我们的生活质量和个人形象都有重要的影响。通过处理个人事务,我们可以培养自己的独立生活能力和自我管理能力。例如,保持良好的个人卫生习惯有助于我们保持健康、提升自信;合理安排时间则可以提高工作效率、丰富生活内容。同时,处理个人事务也是对自己负责的表现。一个能够妥善处理个人事务的人,通常也能够在工作和学习中表现出色,因为他们具备了解决问题、应对挑战的基本能力。

总的来说,日常生活劳动无论是家务劳动还是个人事务处理,都是我们生活中不可或缺的一部分。它们不仅关乎我们的生活自理能力和技能培养,更体现了我们的责任感和自我管理能力。

2.服务性劳动

服务性劳动是在服务生产和经营活动中,劳动者运用特定设备和工具直接满足消费者服务需求的劳动形式。它同农业、工业和商业等专业劳动并列,是社会分工体系中的重要组成部分。服务性劳动在多样的形式中体现,包括旅游、饮食、娱乐、邮电、通信、交通等,以及公益性劳动,这些无偿的义务劳动直接影响社会。

首先,服务性劳动的特点在于个体通过自己的劳动直接满足他人的服务需求。这是一种以服务为主导的劳动形式,劳动者通过特定技能和工具,提供各种服务,满足消费者的精神和实际需求。这种劳动形式的直接性和个体性,使得服务性劳动在社会生产中具有独特的地位。其次,服务性劳动在创造满足需求的效用时,通常会涉及物质和活劳动的消耗。然而,与生产劳动相比,服务性劳动的结果往往不以实物产品形式留存。例如,旅店服务员为旅客提供住宿服务,虽然付出了一定的物质和活劳动,但并没有留下具体的产品。这突显了服务性劳动的非物质化特点,其结果更多地体现为对服务的交换和满足。此外,服务性劳动的一部分在为消费者提供服务后,物质和活劳动的消耗则表现为一种劳动交换活动,而非实物产品的售卖。例如,成衣店为顾客加工衣服、木工为顾客制作家具、弹棉花的工人为居民加工棉被等,这些劳动的成果并非通过直接销售实物产品,而是以提供服务的形式呈现。这突显了服务性劳动的复杂性和多样性。

服务性劳动的多样化也在社会发展中逐渐显现。它可分为私人消费品的服务性劳动和公共消费品的服务性劳动。前者通过市场交易提供,满足个体的精神性和娱乐性需求,具有排他性和竞争性。后者则由政府提供,满足人们多种需要,具有公共性和非排他性。国务院印发的《"十三五"国家基本公共服务清单》涵盖了公共教育、劳动就业创业、社会保险、医疗卫生、社会服务、住房保障、公共文化体育、残疾人服务等8个领域的81个项目。这份清单反映了服务性劳动在国家基本公共服务中的广泛应用和不可或缺的地位。服务性劳动不仅在经济层面具有重要作用,而且在社会层面有着深远的影响。它促进了社会各个方面的发展,推动着城市化、现代化进程。服务业的兴起不仅创造了就业机会,也丰富了人们的生活方式。服务性劳动同时也承担了一定的社会责任,通过公益性服务,为社会提供力所能及的支持。

3.创造性劳动

创造性劳动是以知识、技能、情感的再造为基本特征,以创新、创先、创优为基本表现形式,以促进人的全面发展和社会全面进步为根本目标的劳动。从小处说,一个人取得突出的成就,其中无不包含"创造性劳动"的因子;往大了看,人类劳动由低级形态向高级形态发展,最主要的标志是创造性劳动数量和水平的增长;从一定意义上说,创造性劳动是人类社会发展的根本力量。

创造性劳动具备独特性、创新性、复杂性和不可预测性等特点。提高创造性劳动的能力,不仅需要智力和技能,还需要灵感和直觉,鼓励自由思考、跨学科交流和实践探索。培养创造性劳动的能力,需要系统性的策略和方法,以激发个体的创新潜力和提升其解决复杂问题的能力。以下是一些有效的方法:①营造自由开放的环境。求知和探索,支持尝试新事物,减少对错误和失败的惩罚。多样性和包容性,不同背景、经验和观点的碰撞可以激发创意。②培养批判性思维。提问和反思,鼓励质疑现状,提出问题并反思已有的解决方案。分析和综合,教导分析问题的不同方面,并综合各种信息形成新观点。③跨学科学习。广泛阅读和学习,鼓励学习不同领域的知识,激发联想和创新思维。跨领域合作,促进不同学科专家之间的合作,产生新的创意。④实践和实验。动手实践,通过动手实验和项目工作,培养解决实际问题的能力。迭代改进,通过不断尝试、测试和改进,找到更好的解决方案。⑤灵感激发。艺术和文化,接触艺术、音乐、文学等文化活动,可以激发创造性思维。自然和旅行,接触自然和不同的文化环境,可以拓宽视野,激发灵感。⑥鼓励合作和交流。团队合作,在团队中分享观点和合作,可以产生更多的创意。开放交流,鼓励分享和交流创意,吸收他人的观点和建议。⑦心理和情感支持。减压和放松,通过减轻压力和提供心理支持,创造有利于创新的环境。自信和积极,培养自信心和积极的态度,相信自己的创造力。⑧持续学习和提升。终身学习,鼓励持续学习新知识和技能,不断提升自己的创造力。反馈和改进,接受反馈并不断改进自己的方法和思维模式。通过这些方法,可以有效地培养和提升创造性劳动能力,激发更多的创新和发明。

第二节　劳动教育

劳动教育是新时期党对教育的新要求,是中国特色社会主义教育制度的重要内容。它具有鲜明的社会性,要求学生在面对真实的生活世界和职业世界时,以动手实践为主要方式,学会改造世界,在改造世界的过程中塑造自己,提高自身素养。

一、劳动教育的内涵

《辞海》将劳动教育定义为:对学生进行热爱劳动和劳动人民、珍惜劳动成果、树立正确的劳动观点和劳动态度、通过日常生活培养劳动习惯和技能的教育活动。

《中国大百科全书》将其定义为:中国德育内容之一,指使学生树立正确的劳动观点和劳动态度,热爱劳动和劳动人民,养成劳动习惯,珍惜劳动成果。

《教师百科辞典》对劳动教育的定义为:劳动教育就是向受教育者传播现代生产的基本知识和技能,培养他们具有正确的劳动观点、劳动习惯和热爱劳动人民、劳动成果的感情。劳动教育十分重视劳动过程中的智力因素,把平凡的劳动同创造性劳动结合起来,把简单的劳动与富有知识的劳动结合起来。

《教育大辞典》中对劳动教育的定义为:劳动教育就是劳动、生产、技术和劳动素养方面的教育。主要任务:①培养学生正确的劳动观点。使学生懂得劳动、劳动人民创造人类历史,热爱劳动,尊重劳动人民,摒弃轻视体力劳动和功能的思想,懂得体力劳动必须与脑力劳动相结合。②培养学生正确的劳动态度。使学生认识劳动是建设社会主义、共产主义的必要条件,是公民的神圣权利和光荣义务。③培养学生具有良好的劳动习惯、艰苦奋斗作风,遵守劳动纪律,爱护劳动工具,珍惜劳动果实,抵制不劳而获、奢侈浪费等不良思想倾向。④使学生获得工农业生产基本知识和技能。

以上对劳动教育的定义,有的把劳动教育归为了德育,有的把劳动教育归为了智育,还有的把劳动教育归为了德育和智育的统一。随着时代的发展,劳动教育的内涵也在不断变化。新时代高校的劳动教育是这样定义的:新时代高校劳动教育是高等教育人才培养体系的重要组成部分,是顺应时代劳动发展趋势对大学生进行系统的劳动思想教育、劳动技能培育与劳动实践锻炼,全面提高大学生劳动素养的过程,其目的是引导新时代大学生在劳动创造中追求幸福感、获得创新灵感,培养具有社会责任感、创新精神和实践能力的高级专门人才。也有学者认为新时代劳动教育是以塑造劳动观念、传递劳动知识、传授劳动技能、端正劳动态度和培养劳动习惯等为主要内容,旨在系统提升受教育者的劳动素质,促进其全面发展的德育活动。

《意见》中对劳动教育基本内涵的解释是:"劳动教育是国民教育体系的重要内容,是学生成长的必要途径,具有树德、增智、强体、育美的综合育人价值。实施劳动教育重点是在系统的文化知识学习之外,有目的、有计划地组织学生参加日常生活劳动、生产劳动和服务性劳动,让学生动手实践、出力流汗,接受锻炼、磨炼意志,培养学生正确劳动价值观和良好劳动品质。"

综上所述,我们这样定义劳动教育:劳动教育就是有目的、有计划地向学生传递劳动知识和劳动技能,培养学生良好的劳动态度和劳动习惯,让学生形成正确的劳动价值观和具有一定的劳动权益意识,提升学生劳动素养的教育实践活动。

二、劳动教育的内容

(一)劳动价值观

劳动价值观教育让学生认识到劳动的意义、劳动的价值,使学生能够理解马克思主义劳动价值观和习近平新时代中国特色社会主义劳动价值观。习近平总书记指出,教育引导学生崇尚劳动、尊重劳动,懂得劳动最光荣、劳动最崇高、劳动最伟大、劳动最美丽的道理,长大后能够辛勤劳动、诚实劳动、创造性劳动。让学生认识到"不劳而获""好逸恶劳"是可耻的行为,从而培养学生对劳动的情感,使其热爱劳动、乐于劳动,逐步对劳动形成正确的态度和价值观。

(二)劳动情感与态度

劳动情感是指一个人基于感情满足需要的程度而形成的对劳动的良性心理体验和情感依赖关系。对大学生劳动情感的教育有助于激发大学生的学习热情,使其形成尊重劳动成果和尊重劳动人民的深厚感情,发扬艰苦奋斗的优良传统,促进大学生全面和谐发展。

劳动态度是一个人对劳动所持的肯定或否定情感的程度,劳动态度也反映个体进入劳动行为的准备状态,是一种比较稳定的心理倾向。对大学生劳动态度的教育主要包括热爱劳动教育、辛勤劳动教育、诚实劳动教育、合法劳动教育,让他们形成对劳动的正确态度。

(三)劳动科学知识与能力

高等学校的劳动教育与中小学的劳动教育不同。小学阶段的劳动教育是劳动教育的启蒙,目的是使学生从小养成热爱劳动的好习惯。中学阶段的劳动教育是使学生逐步树立正确的劳动意识。初中阶段的劳动教育主要是帮助学生认识劳动实践对创造人类文明的巨大作用,可以从人类社会发展的角度,让学生知道劳动创造了人本身,人类发展离不开劳动实践活动,让大家积极参与各种各样的劳动活动。高中阶段的劳动教育主要是从历史唯物主义的高度,理解劳动实践的内涵、基本形式和重要地位,使学生熟练掌握一定劳动技能,理解劳动创造价值,具有劳动自立意识和主动服务他人、服务社会的情怀。大学阶段的劳动教育主要是明确劳动科学体系,掌握劳动科学知识。大学生应当掌握一定的劳动伦理知识、劳动法律知识、劳动保护知识、劳动就业知识,以及劳动心理健康知识等劳动科学知识。重视新知识、新技术、新工艺、新方法应用,创造性地解决实际问题,使学生增强诚实劳动意识,注重培育公共服务意识,使学生具有面对重大疫情、灾害等危机主动作为的奉献精神。要加强对大学生的劳动科学教育,使其初步了解和掌握有关劳动科学最基本的知识结构,逐步对劳动有一个科学的认识,在日常活动中要进行科学劳动,避免劳动的异化。大学生在具备相应劳动科学知识的基础上,应如何应对当代劳动?当代大学生还应具备作为劳动者最基本的自我管理能力、时间管理能力以及沟通能力等具有个体心理特质的劳动能力。同时教育要让学生正确认识劳动中遇到的困难和压力,学会自我调适;让学生具备"干一行、爱一行,做一行、钻一行"的心理品质,无论从事什么劳动,都要努力做到精益求精、追求卓越。

(四)劳动实践

对学生进行劳动教育,不仅要重视劳动理论知识的学习,更要重视劳动实践活动,否则理论就显得苍白无力。劳动的成就感不是说出来、听出来、讲出来的,而是从实践中体悟出来的。著名哲学家冯契指出:"实践和教育相结合是培养自由人格的根本途径。实践是人与自然、主体和环境的交互作用,通过这种交互作用,环境(自然和社会)给予人天道、人道,主体就接受了'道'来发展自己的性格。主体这样做时并不是被动的,主体在改造环境中把人性对象化了,人就由自在而自为。这就是在实践中受教育。"

劳动精神也是在劳动实践中培养出来的。在劳动过程中的付出可以培养积极的劳动价值观,使学生热爱劳动。教育家凯洛夫认为:"劳动使一个人的道德变得高尚,使他习惯于小心地对待劳动工具、器械和产品,重视书籍及其他精神文化和物质文化的物品,尊重任何一种职业的劳动者,仇视那些寄生虫和剥削者、二流子、怯懦者和懒汉。"

组织大学生参加生产劳动和社会服务,倡导大学生参加志愿服务等公益活动。引导大学生运用所学知识和技能服务人民,鼓励大学生进行科技创新,在社会实践中参与技术改造、工艺革新、先进适用技术传播,为经济社会发展献计出力。帮助大学生开展勤工助学活动,组织大学生进行"红色之旅"学习参观、"三下乡"和"四进社区"活动等。通过劳动实践,让学生体会劳动创造美好生活,体认劳动不分贵贱,热爱劳动,尊重普通劳动者,培养勤俭、奋斗、创新、奉献的劳动精神;具备满足生存发展需要的基本劳动能力,养成良好的劳动习惯;同时也让大学生明白劳动实践的重要性,积极参与各种劳动实践活动。

(五)劳动与全面发展

加强劳动教育是构建德智体美劳全面培养教育体系,形成更高水平的人才培养体系的必然要求。劳动教育是构建全面教育体系不可或缺的一环,劳动教育具有树德、增智、健体、育美、创新的综合育人价值。通过学习,劳动教育让学生理解劳动与立德树人、劳动与增长才智、劳动与强健体魄、劳动与美的创造之间的关系,促进大学生全面和谐发展。

三、劳动教育的途径与方法

在教育发展的过程中,我们一直强调家庭教育、学校教育和社会教育的三位一体作用。同样,劳动教育也需要三方面教育的配合,仅靠一方的努力,很难实现和达到教育的最终目的。

(一)家庭劳动教育

家庭教育是基础教育中的基础,是人发展的根基。在过去的多子女家庭中,由于子女太多,家长忙不过来,一般都是年长的孩子照顾年幼的孩子,无形之中发挥了家庭中的劳动教育功能。但现代家庭中,这种机会在天然地减少。

中国教育科学研究院曾对全国2万个小学生家庭进行调查,结果显示,承担家务劳动的孩子与从不承担家务劳动的孩子相比,成绩优秀的比例高了近27倍。专家研究发现,家长给予孩子正确的劳动教育,孩子的成绩反而会上升。范成大有诗云:"童孙未解供耕织,也傍桑阴学种瓜。"家庭是劳动教育的鲜活课堂,家长的劳动观念、劳动态度,以及家庭的环境等影响着子女的劳动观。因此,要充分发挥家庭教育的作用,家长日常生活的言传身教可以在孩子心中种下劳动光荣的种子,让他们从小养成爱劳动的好习惯。

(二)学校劳动教育

学校教育在人的身心发展过程中起着引领作用和主导作用。在劳动教育中,学校同样也要发挥其主导作用,承担实施劳动教育的主体责任。通过劳动教育,学校可以拓宽育人渠道,使青少年养成正确的劳动观念、劳动习惯、劳动情感、劳动精神。学校教育可以通过以下方式对学生开展。

1.开设专门的劳动教育课程

《意见》中明确提出,在大中小学设立劳动教育必修课程,同时在每学年设立劳动周或劳动月。

2.与思想政治教育相结合

劳动教育与思想政治教育的目标、内容等具有关联性。思想政治教育有利于强化劳动教育目标的道德引领和精神塑造,有利于培养学生的劳动价值观、劳动情感和态度,让学生对劳动有一个正确的认识,形成良好的劳动品德,养成良好的劳动习惯。

3.与专业课程教学相结合

长期以来,学校劳动教育一直被窄化,人们总是认为劳动教育就是某项具体的活动,比如让学生去街上执勤、到食堂帮厨、打扫清洁区。学生的学习过程本身也是劳动,属于脑力劳动。教育家苏霍姆林斯基认为:"劳动教育从学生坐在课桌后面读书时就开始了,课桌是一种最复杂的机床,使儿童、少年和青年感到无所用心是可耻的,懒惰和游手好闲是可悲的,让学生确立这种认识是教育上最难做到的事。"高等学校在发挥课堂育人主渠道作用的过程中应该有机纳入劳动教育,可以根据专业的不同,将其与专业教学紧密结合,让学生学好专业知识、掌握专业技术、参与专业实践,在实践活动中运用所学知识解决实践中的问题。

4.开展劳动实践活动

劳动教育是真正的生活教育。在学习中劳动,在劳动中学习,这才是劳动教育的真义。劳动实践活动使学生在做中思、做中学,增进学生对专业知识的理解与认识,激发其学习的积极性与主动性,提高创新意识与创新能力。在日常的教学环节中,教师一般多是关注如何让学生学会专业知识技能,很少把劳动观念、劳动态度等内容融入专业教学。学校可以开展劳动实践活动,比如定期举办劳动技能比赛,组织大学生利用寒暑假开展系列社会实践活动,让学生进行以"劳动"为主题的社会调查活动,让学生在实践中体验劳动、认识劳动、正视劳动,树立正确的劳动价值观。劳动能让年轻人明白"幸福都是奋斗出来的",要实现中华民族伟大复兴的中国梦,把蓝图变为现实,必须通过辛勤的劳动,踏踏实实做好自己的工作。

5.大学生创新创业教育

党的十八大作出了实施创新驱动发展战略的重大部署。习近平总书记指出:"创新是一个民族进步的灵魂,是一个国家兴旺发达的不竭动力,也是中华民族最深沉的民族禀赋。"提高创新与创业能力不仅是国家和社会的需要,更应当转化为当代青年的自身需求。创业精神与创业能力已成为当代大学生创业教育的核心内容。青年最具创新热情和创造潜力,他们最大的资本在于学习能力、接受新事物能力较强。高校要做好大学生创新创业工作,全面提升创新创业人才培养质量,培养创新创业的强大生力军,推动我国经济的发展与经济结构的调整。

《中国教育现代化2035》指出:"弘扬劳动精神,教育引导学生崇尚劳动、尊重劳动、树立以靠辛勤劳动创造美好未来的观念。强化实践动手能力、合作能力、创新能力的培养。"新时代的劳动者不仅要有力量,还要有智慧、有技术,能发明、会创新,努力营造劳动光荣、技能宝贵、创造伟大的时代风尚。因此,在高校的创新创业教育中融入劳动教育,弘扬劳模精神、工匠精神和劳动精神,有助于提高大学生对劳动的认识水平,培养学生的劳动习惯。

(三)社会劳动教育

社会环境影响着人的发展方向。如果社会没有形成良好的风气,轻视劳动,就会严重影响年轻人对劳动的认识。长期以来,社会上存在着"重脑力劳动、轻体力劳动"的现象。比如大学生在择业时,有的学生把"好工作"定义为"钱多、事少"的工作,似乎更倾向于从事劳动较少、相对清闲的工作。因此,进行劳动教育,还需要全社会努力,共同营造一个良好的环境,实现协同育人。让学生认识到劳动没有高低贵贱之分,任何一份职业都很光荣。

《意见》中明确提出:"充分利用社会各方面资源,为劳动教育提供必要保障。各级政府部门要积极协调和引导企业公司、工厂农场等组织履行社会责任,开放实践场所,支持学校组织学生参加力所能及的生产劳动、参与新型服务性劳动,使学生与普通劳动者一起经历劳动过程。鼓励高新企业为学生体验现代科技条件下劳动实践新形态、新方式提供支持。工会、共青团、妇联等群团组织以及各类公益基金会、社会福利组织要组织动员相关力量、搭建活动平台,共同支持学生深入城乡社区、福利院和公共场所等参加志愿服务,开展公益劳动,参与社区治理。"

四、劳动教育的意义

新时代加强劳动教育对于高校立德树人教育具有重大意义。劳动教育可以使青年学生获得正确的劳动观念,形成积极向上的劳动态度,锤炼劳动意志,养成良好的劳动习惯。劳动教育不仅是实现"中国梦"的强大助推力量,也是学生成长成才的需要。

（一）树立正确的劳动观念

劳动观念就是人们对劳动的看法。由于人们知识背景、个人理解的角度不同，大家对劳动的看法也不尽相同。帮助学生树立正确的劳动观念是进行劳动教育的基础。通过劳动教育，让学生对劳动有更全面的认识，理解什么是劳动，为什么劳动，为谁而劳动。

《后汉书》曾记载"一屋不扫，何以扫天下"的小故事。故事的主人公叫陈藩，十五岁左右，人小志大，要以天下为己任，整日埋头苦读，房间凌乱不堪。一天他父亲的朋友看到他的房间如此凌乱，问他为何不收拾房间。陈藩回答："大丈夫处理事情，应该以扫除天下的祸患这件大事为己任。为什么要在意一间房子呢？"来客看他小小年纪有此鸿鹄志向，深感"孺子可教"，但看他连自己的房间都不愿打扫，如此下去，日后必然不会有所作为。于是教导他："一室之不治，何以天下家国为？"陈藩受此点拨，幡然醒悟，此后严格律己，终成就一番事业。这则小故事不禁令人联想到如今的大学生，能够自己动手劳动，有劳动意识且愿意劳动者甚少。

大学生作为独立的个体，渴望自由，然而赖以生存的基本劳动都不会，或者不愿意为之，其原因有三。一是劳动观念存在偏差。长期以来受"劳心者治人，劳力者治于人"的传统价值观念影响，广大劳动人民在劳动中所接受的教育被社会偏见所贬低，并被排斥在体制化的正规教育之外。二是劳动态度问题。当前我国劳动教育的情况是，在学校中被弱化，在家庭中被软化，在社会中被淡化，出现了一部分学生轻视劳动、不会劳动、不珍惜劳动成果的现象。三是劳动认知问题，即不知为何而劳动。

为谁而劳动？为了人类可持续发展而劳动。可以从以下三个方面理解：为了生存、为了创造、为了人与自然和谐相处。

第一，为了生存。立足个体生存，人类必须劳动，劳有所得，而非不劳而获。陶渊明在辞官归隐后，过着"晨兴理荒秽，带月荷锄归"（《归园田居》）的惬意生活，在官场失意的日子里，是劳动让诗人得以舒缓内心的抑郁，是劳动过程激发了他的写作灵感，留下众多诗句供后人赏读。劳动是维持生存的基本方式，唯有劳动方能体现个体的价值，让人得到心灵上的安慰，让人的心灵升华。

第二，为了创造。立足个体与社会的关系，人类必须劳动，在劳动中创造，在劳动中创新，在劳动中崛起，在劳动中体会短暂人生赋予生命的价值。2015年10月，我国著名的药学家屠呦呦因发现可以有效降低疟疾患者死亡率的青蒿素而成为首个获得诺贝尔生物学或医学奖的中国人。这是屠呦呦团队在共同智力劳动过程中取得的科学成就,青蒿素的发现为全人类的生存与发展贡献了力量。

第三,为了人与自然和谐相处。立足人与自然的关系,人必须劳动,人通过劳动与自然建立联系。但人为了生存、为了创造也让自然伤痕累累,人类要改善与自然的关系,需要与自然建立新的联系,这必须通过劳动。人类驯化了植物便有了大麦、小麦、玉米、小米等粮食;驯化了动物就有了猪肉、牛肉、羊肉、鸡肉等肉类副食品;使用了火便有了熟的食物;改造了石头、树木便有了工具。在整个人类文明发展进程中,不免出现人与自然相处不和谐的现象,劳动过程中对自然资源的过度开发利用使自然界备受重创。人类应该尊重自然、热爱自然,倡导人与自然和谐共处,维持生态平衡,保护大自然等,这些都需要通过劳动来实现。

(二)形成积极向上的劳动态度

劳动态度是个体对劳动所持有的较为稳定的心理倾向,包括积极向上的劳动态度和消极落后的劳动态度。积极向上的劳动态度是个体对劳动所持有的积极、高尚的心理倾向,是个体开展不同形式劳动的灵魂所在,影响个体劳动观念、世界观、人生观、价值观的形成;消极落后的劳动态度是个体对劳动持有消极、漠视的心理倾向,是导致人产生惰性的主要因素。

积极向上的劳动态度是顺利进行劳动教育的情感依赖。毛泽东在抗日战争、国民党经济封锁时期,与普通战士们一起下地劳动。毛泽东这种尊重劳动、尊重劳动者、尊重劳动成果、积极践行劳动的态度深刻影响着广大劳动人民。消极的劳动态度是阻碍劳动教育的绊脚石。我国广大劳动人民深受"学而优则仕"等传统观念的影响,形成了偏向脑力劳动,弱化、软化、淡化体力劳动的社会主流观念,造成了广大青少年不爱劳动、轻视劳动、不会劳动、不尊重劳动、不珍惜劳动成果。这违反了马克思主义教育与生产实践相结合思想的初衷,马克思主义教育思想要求将脑力劳动、体力劳动相结合以促进人的全面发展。

劳动态度不仅受个体心理倾向性的影响,也受外界环境的影响,尤其是国家关于教育的政策影响个体劳动态度的形成,进而影响劳动观念的塑造。劳动教育政策的引导是树立正确劳动观念的有效保障,积极向上劳动态度的形成是劳动教育的灵魂、感情基石,是坚定劳动意志力的寄托,是形成劳动习惯的内驱力。劳动态度决定了个体对劳动的专一程度,决定了个体对劳动的持续性,更决定了劳动习惯的养成。

(三)锤炼劳动意志

　　劳动意志是在劳动过程中遇到困难时克服困难、直面问题、坚韧不拔的精神,也是劳动精神的核心所在。当下,"空心病"等一些"悖"文化在高校青年群里广为渗透。"空心病"一词是由北京大学学生心理健康教育与咨询中心原副主任徐凯文在题为《时代空心病与焦虑经济学》的演讲中提出的。他指出:"空心病核心的问题是缺乏支撑其意义感和存在感的价值观。我做过一个统计,北大一年级的新生,包括本科生和研究生,其中有30.4%的学生厌恶学习,或者认为学习没有意义,请注意这是高考战场上,千军万马杀出来的赢家。还有40.4%的学生认为活着的人生没有意义,我现在活着只是按照别人的逻辑这样活下去而已,其中最极端的就是放弃自己。""空心病"已经蔓延至青少年一代,青少年往往缺乏抵抗"悖"文化浸染的能力。造成这种"悖"文化现象的原因,不仅包括宏观层面的世界观、人生观、价值观,还包括微观操作层面的劳动活动的践行。

　　劳动教育让学生认识到,人生并不是一帆风顺的,在遇到困难的时候,应当以积极的态度面对,迎难而上,不畏惧失败,应从精神层面到实践层面积极引导大学生树立勇于拼搏、无私奉献的劳动精神,锻炼其不怕吃苦、精益求精的劳动意志。

(四)养成劳动习惯

　　劳动习惯是在劳动实践中,树立正确的劳动观念、积极的劳动态度、坚韧的劳动意志并将之内化为劳动意识的自主性行为。劳动习惯应具有主动性,是内化于劳动意识的行为。我国著名教育家叶圣陶先生特别推崇习惯养成教育。他提出:"'教育'这个词,往精深的方面说,一些专家可以写成巨大的著作,可是就粗浅方面说,'养成好习惯'一句话也就说明了它的含义。"

　　当代大学生肩负实现中华民族伟大复兴的历史使命,通过劳动教育,大学生可形成正确的劳动观念和积极的劳动态度,具有坚韧的劳动意志,养成良好的劳动习惯,最终有助于实现中国梦。

思考题

　　1.什么是劳动和劳动教育? 你是否还有其他的理解?

2.谈谈你对劳动本质的理解。

3.新时代我们为什么要加强劳动教育？

4.劳动有哪些价值？分小组进行讨论，谈谈当代大学生应该如何进行劳动。

延伸阅读

一粒追梦的"种子"——"时代楷模"钟扬

钟扬（1964—2017年），湖南邵阳人，生前担任复旦大学党委委员、研究生院院长、生命科学学院教授、博士生导师，系中组部第六、七、八批援藏干部。曾获国务院政府特殊津贴、全国先进工作者、全国对口支援西藏先进个人等荣誉。长期从事植物学、生物信息学研究和教学工作，取得了一系列重要研究成果。

作为中国植物学家，钟扬立誓，要为祖国守护植物基因宝库；作为对人类负责的植物学家，要在生物多样性不断遭到破坏的当下，为人类建一艘种子的"诺亚方舟"。"一种基因可以改变一个国家的命运，一颗种子可以改变一个民族的未来。"带着填补历史空白的想法，钟扬一脚踏入青藏高原这片"生命禁区"，一去就是16年。16年来，钟扬和学生们走过了青藏高原的山山水水，艰苦跋涉50多万公里，累计收集了上千种植物的4 000多万颗种子，覆盖西藏植物种类的近1/5。

2015年5月2日，他突发脑出血。脑出血后第四天，浑身插满仪器和管子的钟扬吃力地口述，让助理赵佳媛敲下了给组织的一封信："西藏是我国重要的国家安全和生态安全屏障，怎样才能建立一个长效机制来筑建屏障？关键还是要靠队伍。为此，我建议开展'天路计划'，让更多有才华、有志向的科学工作者，为建设社会主义新西藏而奋斗……就我个人而言，我将矢志不渝地把余生献给西藏建设事业。"15天后，钟扬出院，他仿佛被装上了加速器，更加争分夺秒。很多人不解，他连命都不要了，到底想要什么？

"名"，钟扬看不到眼里；"利"，就更与他无缘。这位把论文写在大地上的植物学家这样深情地解释："先锋者为成功者奠定了基础，他们在生命的高度上应该是一致的。奔赴祖国和人类最需要的地方，这就是生长于珠穆朗玛峰的高山植物给我的人生启示。"

2018年3月，中央宣传部追授钟扬"时代楷模"称号；6月，获得"全国优秀共产党员"称号；2019年，入选"感动中国2018年度人物"，获得"最美奋斗者"荣誉称号。

第二章　劳动观

　　加强大学生的劳动教育，全面提升大学生的劳动素养，首先需要回答的问题是劳动观教育的指导思想是什么？这是对大学生进行劳动教育要解决的首要问题。

第一节　劳动观概述

一、劳动观的内涵

　　劳动观是人们关于劳动的根本看法和观点。劳动观揭示了劳动的内涵、价值和地位，反映了在劳动中人与物之间、人与人之间的关系，包括劳动价值观、劳动实践观等观点。

(一)劳动观具有时代性

　　随着社会实践的发展，人们对于劳动的认识是不断向前发展的，这就决定了每个时代有该时代对于劳动的认识，具有不同的劳动观。从这个层面来讲，可以把劳动观分为原始社会劳动观、封建社会劳动观、资本主义社会劳动观和社会主义社会劳动观。

(二)劳动观具有阶级性

　　出于维护本阶级利益的需要，社会中的每个阶级都有关于劳动的分工、劳动的价值、劳动的分配等的观点、政策或措施。从这个层面来讲，可以把劳动观分为统治阶级的劳动观和被统治阶级的劳动观。我国是社会主义国家，广大劳动人民是国家的主人，人们在正确劳动观的指引下，正以饱满的劳动热情，投入实现中华民族伟大复兴的劳动实践中。

(三)劳动观具有人为属性

古往今来,有许多人对劳动进行研究,提出了很多有重要价值的观点和看法。在学术领域或者思想界,人们习惯以某个人或者其中的代表人物命名其研究成果。如马克思和恩格斯论述了唯物史观,论述了劳动对于人类社会、对于人、对于物质价值的重要作用,其关于劳动的一些观点或看法,被称为马克思主义劳动观。

二、古代中国劳动观

在中华民族五千多年的历史中,古代先贤对劳动的认识不断加深。这些认识充满了哲理和智慧,潜移默化地影响了一代代中华儿女,也是新时代劳动育人理念的文化渊源。在劳动价值方面,古人指出了劳动是生存之道。古代中国,是农业大国,农业是国家最基本的生产部门。要满足人们生存发展的需要,就必须鼓励人们从事生产劳动。墨子教育弟子说:"故圣人作,诲男耕稼树艺,以为民食""食者,国之宝也""民无食,则不可事。故食不可不务也"。意思是说,民不可无食,食必须通过劳动获得。明代学者吕坤说:"一年不务农桑,一年忍饥受冻。"这句话也是在强调不勤劳务农,就缺衣少食。这些观点指出了农业劳动的基本价值。清代政治家曾国藩将这种劳动谋生的观点加以发展,提出:"卫身莫大如谋食,农工商劳力以求食者也,士劳心以求食者也。"同时,古人宣扬劳动对于实现人生价值的重要意义。在满足了最基本的生存条件后,人们会追求新的更高的需求。而这些需求的满足,也离不开劳动。春秋时期的敬姜在教育儿子时说:"夫民劳则思,思则善心生;逸则淫,淫则忘善;忘善则恶心生。"这句话说出了劳动对于培养人民高尚品德的重要性。清代学者汪辉祖在批判"幼小不宜劳力"观点时指出:"欲望子弟大成,当先令其习劳。"他认为,古往今来成功的将相,没有一个是软弱不耐劳苦的。

在如何劳动方面,古人倡导进行辛勤劳动、诚实劳动和创造性劳动。勤劳是中华民族的传统美德之一,我国优秀传统文化就大力倡导人们辛勤劳动。《尚书·周书·周官》指出:"功崇惟志,业广惟勤。"诚实劳动反对的是不劳而获或不切实际地获取利益的途径。揠苗助长的故事、守株待兔的寓言,就生动地讽刺了那些不诚实劳动却想取得成功的行为。众所周知,古代中国的科技成就在世界上一直处于领先地位,这与古代的科学家、发明家的创造性劳动是分不开的。以智慧闻名的鲁班、用智慧铸就了千古工程都江堰的李冰,以及用创新精神建造了世界最早的石拱桥赵州桥的李春等人,都是创造性劳动的杰出代表,也是值得人们学习的榜样。

在劳动教育方面,中华优秀传统劳动文化强调耕读结合。所谓耕读结合,就是把农田劳作与读书结合起来的一种生活方式。古代先民将耕和读结合起来,希望拥有耕读结合的生活方式,因此白天从事农业生产活动与晚上挑灯读书共同构成了我国独特的耕读教育思想。耕读思想不仅推动了古代农业的发展,提高了古人的文化素养,也是我国劳动教育的雏形。

三、近代中国劳动观

清末民初,中华民族深受帝国主义、封建主义、官僚资本主义的压迫,中国的出路必须建立在反对帝国主义的殖民压迫与反对封建主义对人民的压迫的基础上,寻找中华民族独立、人民解放的正确道路,这是中华民族面临的时代主题。在这样的时代背景下,马克思列宁主义传入中国,成为中华民族仁人志士寻找救国救民真理的理论武器。由于受到特定社会历史条件的制约,马克思列宁主义劳动思想深刻影响了中国,成为其传播与发展的主旋律。马克思列宁主义劳动思想是清末民初反帝反封建的理论武器,也是中国人民寻找民族独立、国家富强、人民解放道路的理论指南。

(一)李大钊宣传了剩余价值理论

在《我的马克思主义观》与《马克思的经济学说》(在北京大学马克思学说研究会上的演讲)等理论文献中,李大钊说:"马氏的'经济论'有二要点:一'余工余值说',二'资本集中说'。前说的基础,在交易价值的特别概念。后说的基础,在经济进化的特别学理。"李大钊所说的"余工余值说",指的就是剩余价值论。李大钊后来在多种场合宣讲马克思的剩余价值理论,启发中国的工人阶级认识到自己受剥削的根源,进而为维护自己的利益进行坚决的斗争。

(二)陈独秀肯定了劳动者的地位

在《劳动界》发刊词中,陈独秀说:"劳动是什么?就是做工。劳动者是什么?就是做工的人。劳动力是什么?就是人工。世界上若是没有人工,全靠天然生出来的粮食,我们早已饿死了。而且把粮食收下来和运到别的地方,也都非人工不行。地下生长的许多有用的矿产,更非用人工去开采,不会自己出来的。砖瓦不用说是人工做成的,木料生在山上,不用人工砍伐搬运,它自己也不会跑到砖瓦一块,自然替我们凑成功一个房屋。我们穿的衣服,自从种棉养蚕以至纺纱缫丝织成布匹,哪一样离得了人工?"既然生产物质生活资料必须依靠人工,那么做工的人(劳动者)才是社会的主宰,是社会的主人。在《劳动者底觉悟——在上海船务、栈房工界联合会演说》中,陈独秀说:"这世界上若是没有种田的、裁缝、木匠、瓦匠、小工、铁匠、漆匠、机器匠、驾船工人、掌车工人、水手、搬运工人等,我们便没有饭吃,没有衣穿,没有房屋住,没有车坐,没有船坐。可见社会上各项人,只有做工的是台柱子,因为有他们的力量才把社会撑住;若是没有做工的人,我们便没有衣、食、住和交通,我们便不能生存。"陈独秀从物质生活是全部社会生活的前提中去定位劳动者,把做工的人的劳动看作全部社会生活的起点与前提,是"台柱子",在全部社会生活中起着决定性的作用。

(三)瞿秋白肯定了生产劳动的作用

瞿秋白说:"原始时代的人初向自然进攻,便制成极粗的工具,如石斧以至于弓箭,那时便是技术的开始,亦就是文明的开始。"人类使用工具与自然界进行斗争以谋求生存,这便是劳动。瞿秋白实际上是把人会制作劳动工具作为人与动物的区别,与马克思的劳动思想是一致的。瞿秋白还认为,人在劳动中产生了社会关系,人与人在劳动中形成的分工与协作的关系便成为社会关系的基础。瞿秋白十分重视物质资料的生产在社会发展中的作用,他指出:"人类所组成的社会生长在自然界之中,必须以劳力采制自然界的物质以为营养,人类社会方能存在。"而这种"以劳力采制自然界的物质"的过程便是所谓的生产。从事物质资料生产劳动是社会存在与发展的基础,人类总是在生产劳动中不断走向进步。

第二节　新时代中国特色社会主义劳动观

重视劳动价值和作用,树立鲜明的劳动观是习近平新时代中国特色社会主义思想的突出特点。党的十八大以来,习近平总书记在多个场合、多次讲话中阐述了劳动、劳动者、劳动模范、劳模精神等在中国特色社会主义事业建设中的重要作用,进一步继承与发展了马克思主义劳动观,形成了"劳动最光荣、劳动最崇高、劳动最伟大、劳动最美丽"的观念。

一、劳动最光荣:劳动没有高低贵贱之分

(一)任何一份职业都很光荣

社会的发展离不开每一位劳动者的创造,不论工人、农民或领导干部,他们都在自己平凡的岗位上从事着不同的劳动,为社会的发展增砖添瓦。他们勤劳朴实、自强不息的民族精神,爱岗敬业、吃苦耐劳的奉献精神,体现了中华民族的传统美德。针对社会上出现的歧视体力劳动者的现象,习近平总书记指出,不管他们从事的是体力劳动还是脑力劳动,是简单劳动还是复杂劳动,只要有益于人民和社会,他们的劳动同样是光荣的,同样值得尊重。习近平总书记充分肯定了每一位劳动者的劳动付出,将每一位劳动者置于平等的地位,要求我们尊重每一位劳动者的劳动。他说:"无论时代条件如何变化,我们始终都要崇尚劳动、尊重劳动者,始终重视发挥工人阶级和广大劳动群众的主力军作用。"我们要在全社会大力弘扬劳动光荣、知识崇高、人才宝贵、创造伟大的时代新风,促使全体社会成员弘扬劳动精神,推动全社会热爱劳动、投身劳动、爱岗敬业,为改革开放和社会主义现代化建设贡献智慧和力量。2015年在庆祝"五一"国际劳动节暨表彰全国劳动模范和先进工作者大会上,习近平总书记进一步强调:"全社会都要以辛勤劳动为荣、以好逸恶劳为耻,任何时候任何人都不能看不起普通劳动者,都不能贪图不劳而获的生活。"这些讲话不仅有力地回击了当前社会上出现的轻视劳动、看不起劳动者的歪风邪气,而且对激励劳动者的劳动热情,培育社会主义核心价值观具有重要的引领作用,也是对马克思劳动创造价值理论的创新发展。

(二)尊重劳动、尊重知识、尊重人才、尊重创造

全面建成小康社会,我国亿万劳动群众是主体力量,特别是知识分子作为创新性劳动的主体,他们的主体能动性能否充分发挥,直接关系到劳动的创新性成果的转化,关系到全面建成小康社会目标的实现。为充分发挥这些高素质劳动者、创造性人才的作用,习近平总书记明确提出,要树立正确人才观,培育和践行社会主义核心价值观,着力提高人才培养质量,

弘扬劳动光荣、技能宝贵、创造伟大的时代风尚,营造人人皆可成才、人人尽展其才的良好环境,努力培养数以亿计的高素质劳动者和技术技能人才。全社会都要贯彻尊重劳动、尊重知识、尊重人才、尊重创造的重大方针。对于当前青少年中出现的不爱劳动、不会劳动、不珍惜劳动成果的现象,习近平总书记在全国教育大会上特别强调:"要在学生中弘扬劳动精神,教育引导学生崇尚劳动、尊重劳动,懂得劳动最光荣、劳动最崇高、劳动最伟大、劳动最美丽的道理,长大后能够辛勤劳动、诚实劳动、创造性劳动。"弘扬劳动精神,向劳模学习,是对"劳动光荣"理念的进一步倡导,是马克思主义劳动价值观的弘扬。"劳动最光荣"作为一种引导人民群众积极进取的价值取向,展现着无穷的魅力。

二、劳动最崇高:劳动创造美好幸福生活

(一)劳动是提高人们生活水平、创造幸福生活的基础

习近平总书记在陕西省延川县梁家河七年的知青岁月中,不仅踏实劳动,而且带头积极劳动,例如修井、建沼气池、打坝,在劳动生产实践中,他深深认识到只有依靠劳动才能创造出更多的物质财富,才能解决老百姓的温饱问题。在福建工作期间,他指出贫困地区的人们要想摆脱贫困,过上好日子,就必须付出更加艰辛的劳动。"人世间的一切幸福都需要靠辛勤的劳动来创造",这一句简单的话不仅阐释了幸福与劳动的关系,而且也是对广大人民群众通过劳动创造幸福生活的伟大号召。随后习近平总书记多次在会议上谈到了劳动与幸福生活的关系,他指出,中国人民自古就明白,世界上没有坐享其成的好事,要幸福就要奋斗。幸福不是毛毛雨,幸福不是免费午餐,幸福不会从天而降。人世间的一切成就、一切幸福都源于劳动和创造。目前,人民日益增长的美好生活需要和不平衡不充分的发展之间的矛盾是我国社会的主要矛盾,要解决这一矛盾,唯有诚实劳动、努力奋斗,满足人民对美好生活的需要,为幸福生活奠定物质基础。

(二)幸福都是奋斗出来的,奋斗本身就是一种幸福

劳动不仅满足了人们物质生活的需要,同时使人们在劳动创造中体验和感受劳动的幸福与精神愉悦。随着生活水平的提高、物质生活条件的改善,人们不仅把劳动看作谋生手

段,还把劳动看作实现自我价值的重要方式,人们更加注重劳动过程中的体验与感受,通过劳动满足自身的发展需要和自我实现需要。党的十八大以来,习近平总书记多次强调"让人民群众有更多获得感"。党的十九大报告进一步深化了这一要求,"使人民获得感、幸福感、安全感更加充实、更有保障、更可持续"。习近平总书记指出,一切劳动者,只要肯学肯干肯钻研,练就一身真本领,掌握一手好技术,就能立足岗位成长成才,就都能在劳动中发现广阔的天地,在劳动中体现价值、展现风采、感受快乐。奋斗者是精神最为富足的人,也是最懂得幸福、最享受幸福的人。习近平总书记的讲话告诉我们劳动不仅是人的一种物质活动,也是人的一种精神活动。劳动能给人带来快乐和幸福,这种幸福不只是物质上、感官上的满足,而是更高层次、更大价值的人生取向,是人们幸福生活的重要组成部分。同时,他希望孩子们从小热爱劳动、热爱创造,通过劳动和创造播种希望、收获果实,也通过劳动和创造磨练意志、提高自己。

三、劳动最伟大:劳动是推动人类社会进步的根本力量

(一)劳动成就梦想

2012年11月29日,习近平总书记在参观国家博物馆《复兴之路》展览时,首次提出并阐述了"中国梦"。他说:"实现中华民族伟大复兴,就是中华民族近代以来最伟大的梦想。这个梦想,凝聚了几代中国人的夙愿,体现了中华民族和中国人民的整体利益,是每一个中华儿女的共同期盼。"然而,梦想不会自动成真,实现梦想也不可能一蹴而就,中华民族伟大复兴,绝不是轻轻松松、敲锣打鼓就能实现的。他指出,我们所处的时代是催人奋进的伟大时代,我们进行的事业是前无古人的伟大事业,我们正在从事的中国特色社会主义事业是全体人民共同的事业。全面建成小康社会,进而建成富强民主文明和谐的社会主义现代化国家,根本上靠劳动、靠劳动者创造。实现我们的奋斗目标,开创我们的美好未来,必须紧紧依靠人民、始终为了人民,必须依靠辛勤劳动、诚实劳动、创造性劳动。"空谈误国,实干兴邦",实干首先就要脚踏实地劳动。离开了劳动,梦想不可能成真,所设立的目标就会成为空中楼阁。说到底,实现中华民族伟大复兴的中国梦,要靠各行各业人们的辛勤劳动。

(二)劳动开创未来

我国改革开放40多年来,中国人民用自己辛勤的劳动创造了举世瞩目的巨大成就,中国特色社会主义进入新时代。但是,我们必须清醒地认识到,我国仍处于并将长期处于社会主义初级阶段,社会生产力还不够发达,社会财富还不够充裕,在全面建成小康社会的奋斗中,面临着各种难题。只有依靠广大人民群众脚踏实地、持之以恒的诚实劳动、辛勤劳动,憧憬才能变为现实。习近平总书记强调,正是因为劳动创造,我们拥有了历史的辉煌;也正是因为劳动创造,我们拥有了今天的成就。劳动创造了中华民族,造就了中华民族的辉煌历史,也必将创造出中华民族的光明未来。习近平总书记的讲话深刻诠释了劳动对国家富强、社会发展的重要价值,揭示了劳动是实现"国家富强、民族振兴、人民幸福"的根本路径。劳动是梦想与现实之间的桥梁,是通向未来的必由之路,只有脚踏实地地辛勤劳动、诚实劳动、创造劳动,才能开创我们的美好未来。因此,必须引导和支持所有有劳动能力的人,依靠自己的双手开创美好的明天。

劳动是一切成功的必由之路。现在,我们比历史上任何时期都更接近实现中华民族伟大复兴的目标,比历史上任何时期都更有信心、更有能力实现这个目标。但是,我们的路也更加艰难,更加需要艰苦奋斗、不懈努力,只有脚踏实地地辛勤劳动,"两个一百年"奋斗目标才能实现。

四、劳动最美丽:奋斗是劳动人民最美的姿态

(一)劳动创造了世间的一切美好

人们靠劳动实现了生存与发展,人们在劳动中体会到了快乐和幸福,感受到了自身的价值。2013年10月,习近平总书记在同中华全国总工会新一届领导班子成员集体谈话中指出,要在全社会大力弘扬我国工人阶级的优秀品质,大力宣传劳动模范和其他典型的先进事迹,加强对广大青少年的教育,让全体人民进一步焕发劳动热情、释放创造潜能,通过劳动创造更加美好的生活。这是对劳动者辛勤劳动的赞美,也是对他们劳动的肯定。习近平总书记关于"劳动最美丽"的重要论述,是对马克思主义劳动观的继承和发展。

(二)劳动是最美的绽放

党的十八大以来，每年"五一"国际劳动节前夕，习近平总书记都会在讲话中谈及劳动模范和劳模精神，并高度评价与赞美劳动模范和劳模精神，称劳动模范是劳动群众的杰出代表，是最美的劳动者，是民族的精英、人民的楷模，是坚持中国道路、弘扬中国精神、凝聚中国力量的楷模，肯定劳动模范对社会所作的贡献，这不仅是国家、社会对于他们工作的认可，更是他们"最美"的证明。劳动模范在他们平凡的岗位上，默默无闻，辛勤劳动，以高度的主人翁责任感、卓越的劳动创造、忘我的拼搏奉献，为全国各族人民树立了光辉的学习榜样，向全社会展现了劳动最美丽的时代形象。习近平总书记指出，劳动模范身上体现的"爱岗敬业、争创一流、艰苦奋斗、勇于创新、淡泊名利、甘于奉献"的劳模精神，是伟大时代精神的生动体现，丰富了民族精神和时代精神的内涵，是我们极为宝贵的精神财富。习近平总书记关于劳模精神的表述，赋予劳动神圣与崇高性，强调了劳模精神作为精神财富的重要意义，为科学理解和大力弘扬劳模精神提供了正确的方向和指导，有利于在全社会营造"崇尚劳动"的浓厚氛围，树立劳动最美丽的观念。

(三)劳动者永远是最美丽的人

党的十八大以来，被习近平总书记点赞的劳动模范有很多，他们的共同特点就是热爱劳动、辛勤劳动、诚实劳动，在自己平凡的岗位上尽职尽责、淡泊名利、无私奉献。被誉为"最美奋斗者"的黄大年是我国著名地球物理学家，生前任吉林大学地球探测科学与技术学院教授、博士生导师，取得了一系列重大科技成果，为我国深地资源探测和国防安全建设作出了突出贡献。2009年，黄大年毅然放弃国外优越科研条件和生活，毅然回国，他承担的"航空探测装备主题项目"和"深部探测关键仪器装备研制与实验项目"，短期内突破了国外禁运和技术封锁，填补了国内技术空白。与此同时，他以"为祖国培养人才"为己任，带出了一支"出得去，回得来"的人才队伍。2017年7月，中华全国总工会追授黄大年"全国五一劳动奖章"。习近平总书记对黄大年的先进事迹作出重要指示："我们要以黄大年同志为榜样，学习他心有大我、至诚报国的爱国情怀，学习他教书育人、敢为人先的敬业精神，学习他淡泊名利、甘于奉献的高尚情操，把爱国之情、报国之志融入祖国改革发展的伟大事业之中、融入人民创造历史的伟大奋斗之中。"劳动模范以他们的行动谱写了新时代劳动者之歌，是我们学习的楷模。全国各族人民都要向劳模学习，以劳模为榜样，发挥只争朝夕的奋斗精神，共同投身实现中华民族伟大复兴的宏伟事业。

劳动最美丽是对所有劳动者最根本的价值要求，更是对全社会的价值要求。我们今天所取得的伟大成就，所拥有的一切，无不凝聚着劳动者的辛勤汗水，蕴含着劳动者的牺牲奉献。我们一定要以劳动模范为榜样，爱岗敬业、勤奋工作，锐意进取、勇于创造，不断谱写新时代的劳动者之歌，以奋斗开创明天。

第三节　大学生树立正确劳动观的意义

大学生是社会主义事业的建设者和接班人，肩负着建设国家的使命。培育大学生树立正确的劳动价值观，对大学生形成社会主义核心价值观，促进大学生全面和谐发展，实现高等学校立德树人的教育目标有着重要的价值。2018年5月，习近平总书记在北京大学师生座谈会上指出，青年的价值取向决定了未来整个社会的价值取向，并告诫青年，人生的扣子从一开始就要扣好。但是，长期以来，由于学校、家庭、社会等多种因素的影响，当前大学生中存在诸如"轻视劳动""看不起劳动者"等错误的价值观念。如何让大学生树立正确的劳动价值观，能够诚实劳动、辛勤劳动、创造劳动，已成为高等学校教育不可忽视的重要问题。

一、成为社会主义现代化建设者和接班人的需要

党的二十大报告指出，从现在起，中国共产党的中心任务就是团结带领全国各族人民全面建成社会主义现代化强国、实现第二个百年奋斗目标，以中国式现代化全面推进中华民族伟大复兴。全面建成社会主义现代化强国，总的战略安排是分两步走：从二〇二〇年到二〇三五年基本实现社会主义现代化；从二〇三五年到本世纪中叶把我国建成富强民主文明和谐美丽的社会主义现代化强国。1992年，邓小平同志在南方谈话中指出："中国的事情能不能办好，社会主义和改革开放能不能坚持，经济能不能快一点发展起来，国家能不能长治久

安,从一定意义上说,关键在人。"可见,人在现代化建设中的重要性。2018年,习近平总书记在全国教育工作大会上强调,坚持中国特色社会主义教育发展道路,培养德智体美劳全面发展的社会主义建设者和接班人。大学生作为我国社会主义的建设者和接班人,必须树立正确的劳动价值观,将来才能为我国社会主义现代化建设作出重大贡献。

劳动教育是中国特色社会主义教育制度的重要内容,直接决定社会主义建设者和接班人的劳动精神面貌、劳动价值取向和劳动技能水平。长期以来,全国各级各类学校坚持教育与生产劳动相结合,在实践育人方面取得了一定成效。同时也要看到,近年来一些青少年中出现了不珍惜劳动成果、不想劳动、不会劳动的现象。这种现象的存在必须引起学校教育的重视。长远来看,对我国社会主义现代化建设是极为不利的。因此,高校亟须加强对在校大学生的劳动教育,引导大学生树立正确的劳动价值观。劳动价值观直接影响大学生在校期间的学习和生活,正确的劳动价值观会让学生认识到对待学习必须踏踏实实,勤勤恳恳,正所谓"书山有路勤为径,学海无涯苦作舟",投机取巧的思想是要不得的。劳动价值观还会影响他们将来走上工作岗位后的价值取向,不正确的劳动价值观会造成他们工作中利益至上的思想,即对自己有利的劳动就去干,无利可图的劳动就远远地躲着。不正确的劳动价值观会使他们在工作中产生拈轻怕重的思想,劳动过程中总是挑肥拣瘦,缺乏全心全意为人民服务的意识。由此看来,引导大学生树立正确的劳动价值取向,才有利于专门人才的培养,从而推动我国社会主义现代化建设。

二、促进自身全面和谐发展的需要

2018年习近平总书记在全国教育大会上强调,党的教育方针是培养德智体美劳全面发展的社会主义建设者和接班人。从劳动教育与品德教育、智力教育、体质教育、审美教育的联系来看,使学生形成正确的劳动价值观、提升劳动技能、锻炼劳动能力、体验劳动之美是高校进行德育、智育、体育和美育的重要内容。德育在于引导学生领悟社会主义思想观点和道德规范,理解社会主义核心价值观,培养学生形成社会主义品德,侧重于培养学生形成正确的世界观、人生观和价值观;智育在于授予学生系统的科学文化知识和一定的基本技能,提高学生提出问题、分析问题、解决问题的能力,使其掌握社会主义现代化建设的本领,侧重于启发学生掌握认识世界、改造世界的方法论;体育在于授予学生保持健康卫生的知识和技能,发展学生体力、增强学生体质,侧重于使学生形成强健的体魄和良好的身体素质,为从事生产劳动和社会活动做好准备;美育在于培养学生形成正确的审美观,提升他们认识美、理解美、欣赏美、创造美的能力,净化学生的心灵,使其形成高尚的情操,侧重于让学生思考带着怎样的眼光和心灵进入生产和生活世界;而劳动教育在于培养学生的劳动情感、劳动态度、劳动价值观,形成劳动技能和劳动体验,侧重于让学生感受带着怎样的情感、态度和方式进行生产和生活。就学生的全面发展来说,各类教育都有其自身的规律、特点和功能,同时,它们又相互制约、相互促进,共同构成人的教育的有机整体。值得注意的是,劳动教育独有的育人功能是全面发展的教育体系的重要组成部分,是发展德智体美教育的重要支撑和有力抓手。

对大学生进行新时代的劳动观教育,对德育、智育、体育、美育都有正向的促进作用。劳动教育具有融通性,劳动价值观、劳动态度的培育属于德育的内容,劳动精神、劳动习惯的养成是智育和体育的重要内容,学生在劳动观教育过程中可以体验到对美的追求,在劳动中增强体魄、磨练意志、提升人格品质,实现以劳树德、以劳增智、以劳强体、以劳育美的目标。以劳树德,指通过劳动教育大学生可以形成良好的学习习惯,端正学习态度,形成高尚品德,具备创新意识,在未来投入工作岗位的时候,实现社会公德、职业道德和个人品德的有机结合。以劳增智,指通过劳动教育,学生可以从理论上掌握劳动知识和劳动技能,这些知识和技能需要接受来自实践的检验,学生对劳动的认知水平得到提高,劳动方法和方式得到改进,从而实现以劳增智。以劳强体,任何劳动过程都是脑力劳动和体力劳动同时消耗的过程,脑力劳动是运用智力、知识为主的劳动方式,体力劳动主要是以劳动者运动系统为主的劳动方式,尤其是通过适当的体力劳动,劳动者的体力和体质都得到了很好的锻炼,身体更加健康、有活力。以劳育美,美育目的的实现,离不开审美的实践活动。劳动教育的实施不仅可以让大学生增强对劳动创造美的认识,而且能体验到劳动本身的美。大学生可通过家庭中的家务劳动、日常生活中手工制作等劳动美化自己的生活,通过参加社会公益劳动美化周边的环境。劳动的综合育人功能恰恰说明它不应该被涵盖在其他四育之内,而是完善人才培养目标、支持德智体美教育的相对独立的重要平台、重要领域。将劳动教育与德智体美教育并列,既是对劳动教育本身的有效加强,也是对德智体美教育的有力支撑。因此,实施劳动教育可以从心灵上促成学生美的积淀,熏陶学生美的情怀,树立和培养他们正确的审美观,提高他们对美的感受力、鉴赏力和创造力,从而起到以劳育美的作用。

三、实现美丽青春梦想的需要

无论是个人的梦想,还是社会发展的梦想,都只有通过辛苦劳动、诚实劳动、创造性劳动才能够实现。只有依靠劳动,我们才能在这个世界上获得存续与发展,在进行劳动实践的过程中,与世界发生关系,实现自己的梦想。可见,劳动才是现实与梦想之间的桥梁和中介。从国家层面,坚持科教兴国战略、人才强国战略、创新驱动发展战略,充分调动广大劳动者的积极性、主动性、创造性,不断拓展人才成长空间,塑造一支有理想、有智慧、有技能、会创新的高素质劳动者队伍;从个人层面,将个人梦想与国家梦想紧密相连,把人生理想、家庭幸福融入国家富强、民族振兴的伟大事业,形成"干一行、爱一行、专一行、精一行"的社会风尚,我们就能够让一切劳动与创新的活力竞相迸发,让一切创造社会财富的源泉充分涌流。

大学生正处于人生当中最为美好、最有激情、最有活力的重要阶段,也是敢于有梦、勇于追梦、勤于圆梦的关键时期。梦想有了,如何实现呢?"天上不会掉馅饼",大学生青春梦想的实现唯有靠勤奋不辍、持之以恒的劳动。可见,劳动教育是大学生实现美丽梦想的需要。

(1)脑力劳动与体力劳动相结合。大学生的主要任务是学习科学文化知识,学习常常以师生在教室进行课堂教学的方式进行,这种以脑力劳动为主的劳动方式让人的神经系统得到了锻炼,而其他方面没有得到有效的发展,久而久之,会造成人体片面发展。而体力劳动则是对脑力劳动的有效补充,让人身体的运动系统、骨骼系统、肌肉系统等都得到很好的发展。

(2)理论学习与实践锻炼相结合。当前很多高校普遍存在重理论轻实践的现象,但将来大学生会参加社会劳动,理论和实践都很重要。大学生在校学到的更多是书本上的理论知识,但要做到学以致用,就必须到实践中去进行检验和提高,要经常性地参加实习实训、勤工俭学和其他社会实践活动。

(3)自我服务与公益劳动相结合。就其内涵而言,自我服务包括个体性自我服务和群体性自我服务。个体性自我服务是大学生依靠自身劳动完成个人日常生活卫生事宜;群体性自我服务是通过大学生自我群体完成学习和生活中的简单劳动,例如,教室、宿舍、实验室、图书馆等场所的卫生打扫和整理。目前,我国高校普遍实行高校后勤社会化,校内留给学生劳动的机会并不多见。在此背景下,大学生可以尝试积极参与公益劳动,以增强动手操作能力,培养吃苦耐劳、勤俭节约的品质。将服务性的公益劳动与个体性自我服务结合起来,有利于大学生形成正确的劳动价值观。

四、形成积极向上就业创业观的需要

毕业生就业率是高校就业质量的一项重要指标,也是衡量学校办学水平的一项重要指标。目前,大学生的就业观令人担忧,尚未形成积极向上、实事求是的就业观念。2019年我国高校毕业生规模达到了834万人。2019年,中国青年网校园通讯社对全国381所高校大学生的调查结果显示:55.91%的大学生选择考研,28.87%的大学生选择直接就业,这也是近年来我国考研热的真实写照;在大学生就业地点选择方面,70.34%的大学生选择在一、二线城市工作,选择在三线以下城市工作的比例为4.20%,选择去中西部人才急需地区的仅占3.67%,大城市倾向非常明显,人才流向表现出极端不平衡;在薪资期待上,八成以上的大学生期望月薪在5000元以上,其中39.11%的大学生期望月薪为5000~8000元,27.82%的大学生期望月薪在10000元以上;在择业观念上,八成以上的大学生选择先就业后择业的策略,当对初次就业的工作感到不称心时,84.51%的大学生表示会"边干边寻找合适的工作"。上述调查结果表明,大学生在就业观方面普遍存在追求高学历、高工资、大城市现象,期望值过高,因此亟须对大学生进行正确的劳动价值观教育。

大学生毕业后的就业创业选择不仅影响其自身的发展和价值实现,也关系到千万家庭的生活前景和幸福期待,尤其是来自农村家庭或贫困家庭的大学生,他们身上更是寄托着一个家庭甚至是一个家族的希望和梦想。引导大学生树立正确的劳动价值观,有利于促进大学生在大学阶段形成积极向上的就业创业观。例如,在继续深造和实现就业之间需要科学判断,并不是说学历越高就越容易就业,有的专业本科或专科更容易就业;也并不是说所有人都适合考研,读研意味着毕业后更多地从事科研工作。当国家建设需要和个人价值实现出现矛盾的时候,应当首先考虑国家建设需要,而不是置国家需要于不顾去考虑个人利益,应该有大局意识。甚至当所学专业与就业岗位并不完全匹配的时候,大学生应当加强学习,努力适应并胜任工作岗位,而不是迅速辞掉工作。当客观现实与主观认知产生分歧的时候,比如是否一定要坚持去一、二线城市工作?是否低于某一工资水平的工作就不要?是否一定要选择找个大公司、大企业的工作?大学生需要立足现实,重新进行自我评估,并做出合理明智的选择。当就业和创业机会摆在面前的时候如何做出取舍,需要充分考虑创业前景、创业政策、社会关系、家庭背景、个人能力等多重因素,然后做出合适的选择。可见,大学生只有在大学阶段形成正确的劳动价值观,形成积极向上的就业创业观,才会在就业创业选择时做出理性选择。

思考题

1.谈谈劳动观的内涵是什么。
2.新时代中国特色社会主义劳动观包括哪些内容?
3.结合自身实际,论述树立正确的劳动观的意义。

延伸阅读

初心不灭 青春无悔——"时代楷模"黄文秀

"黄文秀同志研究生毕业后,放弃大城市的工作机会,毅然回到家乡,在脱贫攻坚第一线倾情投入、奉献自我,用美好青春诠释了共产党人的初心使命,谱写了新时代的青春之歌。广大党员干部和青年同志要以黄文秀同志为榜样,不忘初心、牢记使命,勇于担当、甘于奉献,在新时代的长征路上做出新的更大贡献。"这是2019年7月1日习近平总书记对黄文秀同志先进事迹作出的重要指示。

黄文秀,广西壮族自治区田阳县巴别乡人。2016年从北京师范大学研究生毕业后,她报名考取选调生,回到家乡,成为百色市委宣传部的一名干部。2018年3月,黄文秀响应号召来到乐业县新化镇百坭村任驻村第一书记。

百色市是我国西南边陲的深度贫困地区。作为百坭村首位女第一书记,村民对她的到来都表示怀疑:"之前来了这么多书记,有的来村里镀金就回城里升官了,你这个小年轻估计也是来走个过场的,我们跟你聊了也没用。""别在这儿耽误工夫了,赶紧回城里享福去吧。"面对村民的质疑,她找到了村里的老支书,在与老支书交谈后,她理解了村民们的想法。她在日记中写道:"从那以后,我到贫困户家不再拿着个本子问东问西,而是脱下外套帮贫困户家扫院子;贫困户不让我进家门,我就去两次、三次;贫困户不在家,我就去田里,边帮他们干农活边聊天。时间久了,村民们跟我见得多了,开始慢慢地接受了我。"黄文秀最终以真抓实干的作风、真情的奉献赢得了村民信任。驻村满一年的那天，她的汽车仪表盘的里程数增加了两万五千公里。

在服务百坭村的日子里，黄文秀秉持着不忘初心、牢记使命的为民情怀，整天在城乡、村屯间穿梭。她带领村民发展杉木、砂糖橘等扶贫产业，使百坭村103户贫困户顺利脱贫88户，村集体经济项目收入翻倍。她以使命担当兑现着"不获全胜，决不收兵"的驻村诺言。

2019年6月17日凌晨，年仅30岁的黄文秀牺牲在扶贫路上，她用青春书写了饮水思源的情怀，她将生命绽放在祖国最需要的地方。2019年7月1日，中宣部追授黄文秀同志"时代楷模"称号；7月17日，中华全国总工会授予黄文秀同志全国五一劳动奖章；9月25日，黄文秀同志被授予"最美奋斗者"荣誉称号。

第三章　劳动精神与劳模精神

　　劳动精神作为劳动的精神产物,是指劳动者在劳动中展现的精神状态、精神面貌、精神品质。无数的历史表明,劳动精神是中华民族赖以生存和发展的精神纽带,它不仅是对中华民族优良传统美德的继承和发扬,也是伟大时代精神的生动体现。实现中华民族伟大复兴的中国梦,必须弘扬劳动精神。当代大学生担当着民族复兴的时代使命,要努力做劳动精神的培育者和弘扬者,用实际行动展现出新时代的青春风貌。

第一节　劳动精神

　　劳动是一切财富的源泉,劳动赋予了人的精神特质和价值文化。说到底,劳动精神既是劳动本身,又是对劳动的超越,是劳动和劳动认知的总和,凝结了人类发展和社会进步的重要力量。大学生弘扬和践行劳动精神,要学会科学地看待劳动精神,认识劳动与个人、与社会之间的关系,掌握劳动精神的内涵。

　　2020年11月24日,习近平总书记在全国劳动模范和先进工作者表彰大会上的讲话指出,在长期实践中,我们培育形成了崇尚劳动、热爱劳动、辛勤劳动、诚实劳动的劳动精神。劳动精神是关于劳动的理念认知和行为实践的集中体现,在理念认知上表现为崇尚劳动、热爱劳动,在行为实践上表现为劳动者辛勤劳动、诚实劳动。这两者构成劳动精神的整体内涵。

一、崇尚劳动

　　崇尚劳动就是要把劳动视为人类的本质活动和创造财富的源泉,奉行劳动光荣、劳动伟大的认知,尊重一切劳动价值,同时也认可劳动价值虽有大小,但职业并无高低,秉持遵纪守法、勤勉工作的劳动态度。劳动是透视马克思主义思想的一方棱镜,劳动创造世界,劳动创造财富,劳动创造人类,马克思主义劳动观使人们认识到劳动的重要性。进入新时代,习近平总书记以马克思主义劳动观和中华优秀传统文化为承继,深刻洞察社会主义劳动。事实证明,靠双手实现梦想、用劳动创造价值,既是人之为人朴素的道理,也是社会发展的根本规律,更是新时代植根于每一个劳动者内心深处的真诚信仰。人类的一切物质财富和精神财富无不是劳动创造的,正是劳动满足人的生存发展需求,推动着社会不断从愚昧走向文明,从低级走向高级。

(一)劳动成就人的价值

恩格斯曾说过"劳动创造了人本身",马克思也认为劳动是人的本质。劳动不仅让人成为人,更让人成为更好的人。随着历史的演进,人的需要向实现更高级的自我价值跃进,劳动能够帮助人树立正确的价值观、助力人的全面发展、实现人的社会价值。无论是穿梭在街头的外卖小哥,还是凌晨挥舞扫帚的环卫工人,无论是田间辛勤劳作的农民,还是埋头苦心攻关的科研人员……不同的人群里,千万种忙碌的姿态,各行各业的劳动者都在用奋斗充实自己,创造价值,全力奔向幸福的彼岸,成为新时代最美的风景线。劳动助力人的全面发展,"培养德智体美劳全面发展的社会主义建设者和接班人"是回答我国当代培养什么人的答案。劳动能够使人挖掘自己的主观能动性,激发活力,是劳动实践得以有效开展的驱动力和保障,起到"增能"的效果,使人提升劳动素养,在劳动过程中获得幸福感和归属感。劳动不仅能增强人的体魄,还能提升人的审美力。人们在劳动过程中,在周围环境的熏陶、内心情感的陶冶下,能够感知美、懂得欣赏美、明白评价美、致力创造美,进而不断满足自身的审美要求,提高审美能力,获得审美享受。

(二)劳动实现民族振兴

民族振兴是中国梦的核心内容,而劳动是实现民族振兴的必要手段。民族振兴涵盖的内容很多,但每一项内容的落地都离不开劳动。党的十八大报告所高度概括的社会主义核心价值观,为振兴民族信仰指明了前进的方向和奋斗的目标,而劳动实践则有利于将价值观内化于心、外化于行。经济振兴是民族振兴的物质基础,劳动是生产力得以发展和变革的唯一路径,为经济的良性发展提供可行保障。文化振兴是民族振兴的重要内容,劳动是政治、经济、制度、行为等文化生成、发展、传承的必然方式,确保民族振兴是可持续的。国民精神振兴是民族振兴的核心要义,劳动是实现国民精神振兴的最大力量,只有通过劳动,人民才能为国家的发展尽力,国家的发展才能给人民带来实惠,实现国家繁荣与人民幸福。军事振兴是民族振兴的保障,劳动是实现军事战备力、军事指挥力、军事创新力的必要手段,能够为民族振兴提供坚强的后盾。总之,只有劳动,才能实现中华民族振兴,让中华民族屹立于世界民族之林。

(三)劳动创造人类文明

在人类从猿进化为人的漫长历程中,劳动起了决定性作用。它不仅帮助人从爬行状态转向直立行走,更帮助人在弱肉强食、自然条件恶劣的情况下得以存活与繁衍。在人类求本能生存、求优质生活、求高效生产的发展过程中,劳动越来越成为群体共识、自卫盔甲和致富手段。人类文明的每一次进步和跨越都离不开劳动的助推。在习近平总书记看来,人间万事出艰辛。越是美好的未来,越需要我们付出艰辛努力。只有付出和投入智力、物力、体力,劳动才可以挖掘人类意识的潜能、唤醒蕴藏在人体中的无限本能,进而形成丰富多彩、光辉灿烂的世界文明。对当前所取得的一系列崭新成就,习近平总书记认为,"是全国各族人民撸起袖子干出来的,是新时代奋斗者挥洒汗水拼出来的"。可以说,一部人类文明的发展史,就是一部劳动的纪念史和讴歌史。

因而,必须崇尚劳动,肯定劳动价值,将"崇尚劳动"的观念植入心底。劳动在现实社会中表现为不同的形式,有脑力劳动和体力劳动,有简单劳动和复杂劳动,等等,所有直接或者间接从事物质生产或精神生产的工作,都属于劳动范畴。不论哪种形式的劳动,只要是有益于人民和社会的劳动,都是人类历史发展不可或缺的内容和推动力量,都应该得到承认、保护和尊重,正如习近平总书记所指出的,劳动没有高低贵贱之分,任何一份职业都很光荣。不仅要尊重劳动的过程,还要尊重劳动者,尊重和珍惜他人劳动的成果。无论是普通工人、农民所从事的创造社会财富的基础性劳动,还是知识分子的创造性劳动,抑或是创业者、自由职业者的劳动,只要为社会主义事业的发展作出了贡献,都是伟大的、美丽的。

二、热爱劳动

热爱劳动是发自内心的热爱，身体力行去劳动，爱惜劳动成果，焕发劳动热情，让每一位劳动者在劳动中找到自己的人生定位并实现自己的人生价值。

热爱劳动要求"坦荡无私、乐于奉献"的劳动品德。坦荡无私指的就是一个人胸怀坦诚，大公无私，不以追求荣誉为目的的高尚人格。我们总是希望能够得到公正的评价，但是我们不能把获得荣誉当作自己劳动的目的，而要把国家的利益、人民的幸福当作自己努力的方向。因而，我们在劳动过程中要崇尚大公无私、国家利益高于一切、集体利益大过个人利益的劳动品德。乐于奉献是指自愿主动去做有利于他人或集体的事情却不追求回报，甚至在关键时刻可以牺牲自己。袁隆平就是乐于奉献的代表人物，他不顾现实环境的各种阻碍，在一线辛勤耕耘，培育出杂交水稻，为解决中国人民的吃饭问题作出了重大贡献。袁隆平被誉为"杂交水稻之父"，获评"感动中国 2004 年度人物"，是首届国家最高科学技术奖获得者，但他却始终专注于农田做一个真正的劳动者。袁隆平为广大劳动者树立了榜样，他把国家理想和个人梦想统一起来，把每个人的理想和中国梦紧密结合，始终遵循"坦荡无私、乐于奉献"的劳动品德，丰富和发展了新时代劳动精神。马克思说过，如果劳动本身的目的仅仅是增加财富，那么它就一定是有害的。劳动者要把国家利益当作劳动的根本目的，做国家的奋进者、建设者。

三、辛勤劳动

辛勤劳动是指辛勤耕耘、埋头苦干，是劳动者应有的基本要求和前提条件。辛勤劳动是个人对劳动应有的首要态度和基本立场，是诚实劳动的条件与基础。辛勤劳动主要侧重于劳动者在劳动过程中展现出的"筚路蓝缕、艰苦奋斗"的坚定决心、"顽强拼搏、自强不息"的坚毅品格，以及"埋头苦干、任劳任怨"的奋斗精神。它诠释了劳动者在劳动关系中体现的实干精神、效率意识、奉献意识、自觉意识等劳动态度。这种劳动态度具体表现为：劳动者要树立"空谈误国、实干兴邦"的务实精神；劳动者要发扬"立足本职、真抓实干"的吃苦耐劳品质；劳动者要坚信"一勤天下无难事""功崇惟志、业广惟勤"的价值理念，克服不劳而获、"等靠要"等懒人思想。

辛勤劳动是新时代青年持续奋斗的立身之本和成功保证。习近平总书记指出,青年要在工作中增长才干、练就本领,以真才实学服务人民,以创新创造贡献国家。当今世界正经历百年未有之大变局,并经历新一轮大发展、大变革、大调整,霸权主义、贸易保护主义正严重威胁着世界多极化发展。我国作为新兴经济体和发展中国家,必须坚定不移地保持和发扬勤奋踏实的优秀文化传统,抓住当前科技和产业革命难得的历史性窗口期,才能全面提升综合国力,推动由量变到质变的飞跃。

新时代的历史方位和特点,对当代青年人来说既是挑战又是机遇。伟大目标绝不是轻轻松松就可以实现的,今天中国取得的伟大历史成就,也是一代代青年人用勤奋努力换来的,这就需要当代青年不断奋斗,付出更加艰苦的努力、辛勤的劳动,才能不断攻坚克难,劈波斩浪,化解前进路上的风险与困难。对于肩负民族复兴重任的青年来说,奋斗是青春最亮丽的底色,每个为人民服务的行业和岗位都是施展才华、竞展风采的广阔舞台。

四、诚实劳动

诚实劳动是指在法律范围内自觉践行职业道德规范,严格工作标准,坚持初心,恪尽职守,实事求是地认识和对待劳动过程和劳动成果,是辛勤劳动的升华。它表明了劳动者在劳动关系中体现的责任意识、诚信意识、担当意识、合作意识等劳动态度。这种劳动态度具体表现为:劳动者要培养法治意识、规则意识,在法律法规许可的范围内从事有益于国家和社会发展的体力和脑力劳动,摒弃偷奸耍滑、自作聪明、一夜暴富等错误思想;劳动者要注重权利和义务相统一,不能一味地求取而不履行作为公民应尽的义务,要彰显新时代劳动者的责任意识和担当精神;劳动者要自觉自愿营造和谐温馨、互帮互助、团结协作的文化生态氛围。

中华民族自古就非常重视诚实。诚实是中华传统美德之一,古人云"诚者,天之道也;思诚者,人之道也",诚实不仅是一个人内在修养的道德,更是市场经济社会中必不可少的道德。诚实一直以来不仅是治国之道、交往之道、经营之道、为人处世之道,还是一个人安身立命的根本。诚实劳动就是要广大劳动群众做一个无愧于心的诚实劳动者,不仅于人无损,还要于国有益。每一个劳动者都要在自己的岗位上脚踏实地、竭尽全力做好自己的本职工作,不弄虚作假,不做损人利己的事,一方面能够有效率地完成自己的工作,实现自己的价值;另一方面也能够获得他人尊重从而齐心协力、团结劳动,提高整个社会的劳动效率,不仅为自己创造了丰富的物质财富和精神养料,还汇聚了诚实劳动的社会正能量。

新时代劳动精神展现着新时代砥砺奋进的新风貌,彰显着中国理论、中国制度和中国文化的价值,是促进人的全面发展、夺取新时代中国特色社会主义伟大胜利和实现中华民族伟大复兴中国梦的重要力量源泉。大学生是民族的希望和祖国的未来,要努力弘扬劳动精神,将劳动精神转化为青春行动,为国家富强、民族振兴、人民幸福贡献自己的智慧和力量。

第二节　弘扬劳动精神

今天,我们比历史上任何时期都更接近、更有信心和能力实现中华民族伟大复兴的目标。要实现中华民族伟大复兴,绝不是轻轻松松、敲锣打鼓就能实现的,全党必须准备付出更为艰巨、更为艰苦的努力,需要全体中华儿女众志成城、万众一心,把一切力量都凝聚起来,把一切积极因素都调动起来,尤其是将广大劳动群众的劳动热情调动起来,这就需要在全社会大力弘扬劳动精神。

一、劳动精神的推动作用

劳动精神在个人成长和社会发展过程中发挥着重要的推动作用。劳动不仅是实现物质需求的手段,更是培养个体品格、锤炼意志的重要途径。劳动精神的推动作用主要体现在四个方面。首先,劳动培养了个体的责任感和自律性。通过参与劳动,个体体会到承担职责、履行义务的重要性。劳动要求按时完成任务,细致入微地完成工作,这促使个体养成高度负责任的态度。同时,劳动需要个体具备自律性,能够独立安排工作,有效管理时间。这些品质在个人成长中是非常关键的,有助于塑造一个坚韧而有担当的个体。其次,劳动锤炼了个体的耐心和毅力。在工作中,面对复杂的任务和困难,个体需要具备足够的毅力和耐心,逐步攻克问题,不轻言放弃。这种坚持不懈的努力,不仅培养了个体的毅力和品质,还让其学会在困境中寻找解决问题的方法,增强了解决问题的能力。再次,劳动锻炼了个体的团队协作能力。在劳动的过程中,个体需要与他人共同协作,形成团队,追求共同目标。这种团队协作不仅培养了个体的团队精神,还促使社会形成和谐的劳动关系。通过劳动,个体学会了倾听他人意见、尊重他人付出、共同努力的精神,从而促进了社会内部的和谐发展。最后,劳动精神也是社会价值观的体现。劳动不仅仅是为了获得物质报酬,更是对社会价值观念的认同和实践。社会通过劳动者的辛勤努力,体现了对勤奋、责任、合作等价值的推崇。劳动者通过对社会价值观的遵循,推动了社会的道德建设和文明进步。

二、弘扬劳动精神,树立劳动光荣的观念

弘扬劳动精神,树立劳动光荣的观念是一项至关重要的任务。在这个迅速发展的社会中,劳动往往被认为是实现成功的一种途径,然而,对劳动的充分理解和尊重却时常被忽视。因此,树立劳动光荣的观念,不仅是对劳动者的公正对待,更是对社会价值观的引导,对于社会的和谐发展至关重要。首先,弘扬劳动精神是树立劳动光荣观念的基础。劳动不仅仅是获取物质报酬的手段,更是个体实现自身价值的过程。通过勤劳工作,个体锤炼意志,提高技能,实现自我价值。因此,劳动精神是一种积极向上的品质,它表现为对事业的热情、对工作的专注、对困难的勇气。只有弘扬这种劳动精神,才能在社会中树立起劳动光荣的观念。其次,树立劳动光荣的观念对于培养社会责任感和公民意识具有积极作用。通过劳动,个体不仅为自己创造了生活的来源,也为社会作出了贡献。当社会能够正确认识和尊重劳动者的付出时,个体会更加明白自己的社会责任和义务。这样的社会观念有助于培养公民的责任感,形成社会成员共同为社会繁荣贡献力量的良好氛围。最后,树立劳动光荣的观念有助于激发创新与进步的动力。在一个尊重劳动的社会中,个体能够体验到自身劳动所带来的成就感和满足感,这将激发他们更多地投入工作中。劳动者在充分感受到自身的劳动成果被社会认可后,会更有动力去追求创新,推动科技的进步,促使社会不断发展。

总之,弘扬劳动精神,树立劳动光荣的观念,是建设和谐社会、培养社会责任感、推动创新与进步的关键。通过对劳动者的充分认可和尊重,社会将会创造更加积极向上的劳动氛围,为每个个体提供更多实现自身价值的机会,从而推动整个社会朝着更加繁荣和进步的方向前进。

第三节　劳模精神

习近平总书记在同全国劳动模范代表座谈时指出："在我们党团结带领人民进行革命、建设、改革各个历史时期,劳动模范始终是我国工人阶级中一个闪光的群体,享有崇高声誉,备受人民尊敬","长期以来,广大劳模以平凡的劳动创造了不平凡的业绩,铸就了'爱岗敬业、争创一流,艰苦奋斗、勇于创新,淡泊名利、甘于奉献'的劳模精神,丰富了民族精神和时代精神的内涵,是我们极为宝贵的精神财富。"习近平总书记所概括的这二十四个字,构成了劳模精神的丰富内涵。

一、爱岗敬业

人们要满足自身的物质文化生活需要,推动人类文明不断向前发展,就不得不从事各种职业活动,并且必须具有一定的爱岗敬业精神。爱岗敬业是爱岗和敬业的总称,二者相辅相成、互为前提。

爱岗是指热爱自己的工作岗位,热爱本职工作,习近平总书记指出:"劳动没有高低贵贱之分,任何一份职业都很光荣。广大劳动群众要立足本职岗位诚实劳动。无论从事什么劳动,都要干一行、爱一行、钻一行。"人生的大部分时间都是在工作中度过的,工作岗位没有高低贵贱之分,没有价值大小之别,它是实现人生价值的第一舞台,只有对自己所从事的职业饱含热爱,才能从事业的奋斗中获得最大的快乐和满足,在平凡的岗位上做出不平凡的业绩。

敬业是指要用一种恭敬严肃的态度对待本职工作,做到对自己的工作极端负责。敬业作为现代人的必备素质之一,是对职业道德的最好阐释,与以往时代相比,现代社会知识更新越来越快,社会分工更加精细化,在有效提高生产效率的同时也给我们带来了更加严峻的挑战,任何环节出现问题都可能造成无法弥补的损失。可见,作为一种职业道德,爱岗敬业蕴含职业人员对社会必要性和现实性的尊重,爱岗是敬业的基石,敬业是爱岗的升华,培育和发展爱岗敬业精神对于一个国家经济、社会和文化的发展起着越来越重要的作用,它既是发展中国家走向现代文明的必要条件,同时也决定着一个国家和民族在未来竞争中能否持续兴旺发达,是已经步入现代文明的发达国家持续前进的内在动力。爱岗敬业是当代中国劳模精神的基础,是身处工作岗位的每一个人最基本的道德素质和要求,是动员、凝聚、鼓舞和推动社会发展的无形力量。

二、争创一流

雄鹰不甘宇下,骏马难守圈栏,争创一流作为一种昂扬向上的精神风貌,是指不断超越自我,创造优异的工作业绩,是走在时代前列的刻度和标志。劳动模范是充满活力的,他们身上总是有着善于"比"、敢于"拼"的干劲和勇气,永不满足于原有状态,在高起点上继续求高,在新起点上继续求新,顺应时代潮流,勇于走在前列。争创一流的精神始终将追求最优作为自己的人生目标,力图把工作做到最好,这种积极奋发的精神状态可以激发人的内在动力,挖掘人的创新潜能和创造活力,积极进取,兢兢业业,不干则已,干就干出一流业绩。市场经济需要竞争,争创一流符合现代社会的主流思想,广大劳模以不能等待的危机感、不能拖拉的责任感、不能落后的紧迫感、不能退却的使命感,勇往直前、开拓进取,用一流的技术、一流的管理、一流的产品、一流的品牌、一流的服务、一流的信誉、一流的口碑,树行业标杆。我们要学习劳动模范,就要在日常的工作生活中始终保持开拓进取意识和创新意识,专业娴熟、技术精湛,用长远的眼光和开放的思维锚定一流目标,将原来的成功归零作为新的起点,不断向下一个目标迈进,不畏挫折、充满自信,用一流的行动去回击外部消极的杂音,用一流的国际形象捍卫中国劳动者的尊严和自信,争当各个行业和岗位的排头兵。正所谓"劳而优则模",争创一流作为当代中国劳模以高标准、高目标要求自我的高尚情操,是当代中国劳模精神的灵魂。

三、艰苦奋斗

艰苦奋斗作为中华民族的优良传统,是指不怕艰难困苦,坚持英勇斗争的精神追求、工作作风和生活态度,是当代中国劳模精神的本色。艰苦强调客观环境和条件,"不经一番寒彻骨,怎得梅花扑鼻香",艰苦是成功的必经过程,只有真正经历过艰难困苦,才会有不畏困难、奋发图强的勇气。可见吃苦不仅是一种经历,更是一笔财富,我们要不怕吃苦、学会吃苦、以苦为乐,在艰难困苦中依旧保持清醒、坚持不懈,这样注定会攻破难题,取得成功。奋斗作为人的主观进取行为,是人生不变的主题,是艰苦奋斗的精髓。劳动模范的成长、成才和成功,关键在于奋斗,他们面对危险困难,始终保持努力拼搏的干劲、一马当先的闯劲和奋发有为的钻劲,将压力和目标转化为奋勇向前的动力,才有了平凡中的伟大成果和关键时刻的惊人之举。从思想层面上讲,艰苦奋斗就是用人的主观进取行为去战胜恶劣的客观环境条件,艰苦和奋斗二者紧密相连,重在奋斗。习近平总书记强调:"社会主义是干出来的,新时代是奋斗出来的。"中国特色社会主义现代化所取得的成就是当代劳模在艰苦的劳动实践中苦干、实干、巧干出来的,是脚踏实地奋斗出来的,是每一位劳动模范"出大力、流大汗"的结果。无论时代如何发展,艰苦奋斗作为一种自强不息、奋发有为的精神风貌,永不过时。

四、勇于创新

"创新是一个民族进步的灵魂,是一个国家兴旺发达的不竭动力,也是中华民族最深沉的民族禀赋。"创新既是一个宏观的社会实践过程,又是一个微观的心理反应过程,其本质在于突破,核心在于"新"。勇于创新就是要克服循规蹈矩、封闭保守的思想,以锐意进取、求新求变的勇气勇攀高峰。在知识经济时代,我们不应满足简单的重复劳动,只有打破原有条条框框的束缚,转变思维方式,发扬探索精神,开展创造活动,向创新要效益、以创新求发展,才能在社会主义市场经济的大潮中激流勇进,不被湮没,才会有个人事业的成功和整个社会的发展。尤其是面临复杂的突发事件,从业人员更应该突破思维定式,善于应变,果断处理,抓住机遇,变被动为主动,开创新局面。伴随着现代产业的发展,勇于创新是新时代劳模最为突出的表征,大批创新型劳模的涌现推动了"中国制造"向"中国创造"的转型,推动了我国技术创新和产业的进步,他们是社会主义现代化建设的创新主力和排头兵。我们要把握时代发展的脉搏,积极学习劳动模范勇于创新、与时俱进的开拓进取精神,充分调动自身的创新潜能和创造活力,将科学的态度和创造热情结合起来,在不断总结工作经验的基础上,善于改变思维、开拓思路、推陈出新、革故鼎新,从而创造性地建立新机制、采取新方法、取得新成绩。勇于创新是时代发展的需要,是中华民族走向世界、赢得未来的关键,是当代中国劳模精神的核心。

五、淡泊名利

名利即"名位"与"利禄"、"名声"与"利益",反映的是一个人的劳动成果和贡献得到社会认可,并获得相应报酬。淡泊名利是指清淡寡欲、轻名忘利,是中华民族的传统美德,体现了当代中国劳模精神的崇高境界。随着社会生产力的迅猛发展,人们对物质文化的需要基本得到满足,开始追求美好生活,然而,现代社会在给人们带来诸多便利的同时也充满着浮躁和诱惑,多元的价值观冲击着人们的思想观念。如何在复杂的环境下科学地认识欲望、学会控制欲望显得尤为重要。正确的名利观会影响并铸就高品位和高格调的人,劳动模范之所以能做到淡泊名利,是因为他们拥有宠辱不惊、安贫乐道的豁达心态,不为功名所累,可以用奉献精神和有效行动冲破利益的诱惑,不忘初心、牢记使命,合理克制自己的欲望,用积极健康的正向欲望推动自己脚踏实地、气定神闲地走在时代前列。名利的光彩人人憧憬,但过于看重名利往往会被欲望蒙蔽了心智,跌入低谷、身败名裂,因此,在名利面前必须想得透、看得淡,锤炼廉洁自律、遵规守矩的高尚品格,清白做事,干净做人,自省自警,知足常乐。淡泊名利的精神体现了劳动模范的先进思想和精神风貌,体现了一个劳动者的时代价值和社会的正能量,对于促进社会和谐,推动社会主义现代化建设发挥了重要的作用。

六、甘于奉献

"奉"即"捧",是"给"的意思;"献"原意为"献祭",指把实物或意见等恭敬庄严地送给集体或尊敬的人;奉献是指恭敬地交付、呈献,现在多指满怀感情地为他人提供不计回报的无偿服务,作出自己的贡献,奉献不仅是一种情怀,更是一种美德,是指对自己事业的不求回报的爱和全身心的付出,是一种敢于担当、乐于付出的行为品质,也是激励人们奋发向上的强大力量。甘于奉献就是在工作岗位上要有勇于牺牲、勇于奉献、舍己为人的精神,是当代中国劳模精神的底色。劳动模范不仅是一种荣誉表彰,更是一种精神力量,是一种对职业、对自我、对社会、对国家的大抱负、大情怀、大担当、大奉献。广大劳模之所以获得社会的认同,是因为无论他们从事任何职业,都将自己的幸福融入国家和人民的幸福中,用最坚定的信念、最执着的精神、最寻常的举动在自己平凡的岗位上作出不平凡的功绩,用关键时刻的可贵坚守塑造了甘于奉献的英雄形象,以为国分忧、自强不息的豪迈壮志凝聚起强大的力量,影响和带动着整个社会前进,他们在甘于奉献中创造社会价值、实现自我价值。无论时代如何变化,广大劳模甘于奉献的追求不会变,能奉献、乐奉献、求奉献已成为劳模的思想自觉和行动自觉,甘于奉献已经成为中国劳模精神最鲜明的标志,镌刻着劳模为党和人民贡献一切的光荣而不朽的印记,甘于奉献理应是当代中国劳模精神内涵中最亮丽的底色。我们要积极向广大劳模学习,懂得付出与担当,在甘于奉献的实践中实现人生价值。

思考题

1.谈谈劳动精神的内涵是什么。
2.劳模精神包括哪些内容?
3.结合自身实际,谈谈大学生应该如何弘扬劳动精神。

延伸阅读

劳动精神成就时代新人

当代中国正处于实现中国梦的关键历史时期,实现国家繁荣、民族复兴、社会发展、人民幸福的责任,历史性地落在新时代青少年的肩上。少年智则国智,少年强则国强。作为时代新人,要承担起这些重大历史责任,就必须深刻认识劳动教育的重要性,树立劳动最光荣、劳动最崇高、劳动最伟大、劳动最美丽的价值观念,培养勤俭、奋斗、创新、奉献的劳动精神。

勤俭、奋斗是具有鲜明中华民族传统美德特征的劳动精神。《说文解字》释:"勤,劳也。"这说明,"勤"与"劳"的意思是相通的,甚至可以说,"勤"的主体意义就是"劳"。中华文明是世界上最古老、最悠久的文明,中华民族作为中华文明的载体,之所以能够生生不息、历久弥新,就是因为具有勤劳节俭、艰苦奋斗的品质。因此,在历史上,中华民族不仅以"礼仪之邦"享誉世界,也因勤劳勇敢、自强不息的奋斗精神而声闻遐迩。

《说文解字》释:"俭,约也。"段玉裁注:"约者,缠束也,不敢放奢之意。"可见,俭即俭约、不奢侈放纵的意思。《尚书》中把"克勤于邦,克俭于家"联系起来阐述,说明古人很早就意识到勤劳与俭约之间具有一种天然联系。勤劳之人大多生活俭约。只有亲身经历过体力劳动的人,切身体会过烈日炎炎下"面朝黄土背朝天"的艰难,才会珍惜来之不易的劳动成果。当这样的人再读到"锄禾日当午,汗滴禾下土。谁知盘中餐,粒粒皆辛苦"的诗句时才会产生深刻共鸣,自然就会崇尚俭朴、有节制的生活方式。这就是"习劳知感恩"的道理。在家庭教育中,如果父母不重视对儿女的劳动教育,结果必然是孩子不懂得感恩、惜福,视父母的付出为天经地义、理所当然,久而久之,坐享其成、不劳而获等品行自然就会养成,不利于其成长和发展。《政要论》中说:"历观有国有家,其得之也,莫不阶于俭约;其失之也,莫不由于奢侈。"

因此,中国古人的童蒙养正教育特别重视对孩子的劳动教育。《弟子规》的"不力行,但学文,长浮华,成何人",孔子的"力行近乎仁",陆游的"纸上得来终觉浅,绝知此事要躬行",王阳明的"知行合一"等,强调的都是书本教育要与劳动实践相结合。新时代的学校教育,也必须重视培养学生勤俭、奋斗的劳动精神,这样才能避免培养出的学生仅能夸夸其谈,纸上谈兵,而缺少生活能力、动手能力,以及吃苦耐劳、艰苦奋斗的精神,才能顺利实现新时代教育立德树人的总目标。

创新是具有鲜明新时代特征的劳动精神。在新时代的历史坐标上,社会及科技的发展日新月异,智能化、电子化、机械化、高科技化成为时代的鲜明特征,与此相应,劳动形态也发生了巨大变化。新时代的青少年需要适应新时代劳动教育的特点,正确理解劳动教育的新意蕴,在不同形态的劳动中培养创新精神,实现创造性劳动及劳动成果的创造性转化,通过创新科技、创新方法、创新思路等实现高效、节能、环保、利民等价值目标,通过创新劳动创造财富、创造辉煌,不仅能够跟上而且能够引领新时代飞速前进的步伐,从而实现自我价值。

奉献是具有鲜明社会主义特征的劳动精神。共产主义信仰和中国特色社会主义信念,是新时代中国特色社会主义建设者和接班人在劳动中培养奉献精神的理想支撑。马克思在高中毕业论文中写道:"如果我们选择了最能为人类而工作的职业,那么,重担就不能把我们压倒，因为这是为大家作出的献身；那时我们所享受的就不是可怜的、有限的、自私的乐趣，我们的幸福将属于千百万人，我们的事业将悄然无息地存在下去，但是它会永远发挥作用，而面对我们的骨灰，高尚的人们将洒下热泪。"

习近平总书记当年在陕北贫瘠的黄土地上，就开始深入思考人生问题："15岁来到黄土地时，我迷惘、彷徨；22岁离开黄土地时，我已经有着坚定的人生目标，充满自信。作为一个人民公仆，陕北高原是我的根，因为这里培养出了我不变的信念：要为人民做实事！"正是这种为祖国、为人民奉献自己的信念，使他提出："我们共产党人讲奉献，就要有一颗为党为人民矢志奋斗的心，有了这颗心，就会'痛并快乐着'，再怎么艰苦也是美的、再怎么付出也是甜的，就不会患得患失。"他还强调："人民对美好生活的向往，就是我们的奋斗目标。人世间的一切幸福都需要靠辛勤的劳动来创造"，并且发出了"我将无我，不负人民。我愿意做到一个'无我'的状态，为中国的发展奉献自己"的铮铮誓言。

革命导师和国家领袖的亲身经历表明，一切为人民谋幸福、为民族谋复兴、为世界谋大同的劳动都是崇高而伟大的、幸福而快乐的。正如教育家马卡连科曾说："劳动最大的益处还在于道德和精神上的发展。这种精神发展是由和谐的劳动产生的。"因此，在中国特色社会主义新时代，通过志愿劳动、义务劳动等培养时代新人的奉献精神，形成他们助人为乐的美德，不仅可以避免在劳动中唯利是图、斤斤计较的功利取向，还能够成就时代新人高尚的道德品格，提升时代新人的精神境界。

"勤俭、奋斗、创新、奉献"是具有鲜明中华传统文化特征、新时代特征和社会主义特征的劳动精神，对于树立时代新人的正确劳动价值观，培养时代新人的崇高劳动品质，塑造时代新人的健全人格等都具有重要意义。重视新时代劳动精神的培育是培养时代新人的必然要求，传承良好家风的前提条件，贯彻实干兴邦的具体表现，更是发展中国特色社会主义的重要保证。因此，全社会都应该广泛开展劳动教育实践活动，重视劳动精神的塑造和培养，使之贯穿于家庭教育、学校教育、社会教育的全过程。

第四章　劳动保护

安全是人类社会得以生存和发展的首要前提。在生产过程中,人是最宝贵的、在生产力诸要素中起决定作用的因素。消除生产中的不安全和不卫生因素,可以减少和避免各类事故的发生;创造舒适的劳动环境,可以激发劳动热情,充分调动和发挥人的积极性,进而有利于提高劳动生产率,提高经济效益。同时,加强劳动保护工作,还可减少因伤亡事故和职业病所带来的救治伤病人员的各项开支,减少由于设备损坏和停产造成的直接或间接经济损失。可以说,做好劳动保护的工作是保障社会经济发展的重要前提之一。

第一节　劳动风险

劳动风险是劳动者在职业生涯中面临的一系列潜在挑战和不确定性。这些风险不仅源自劳动合同的微妙差异和模糊条款,还涉及工作环境的恶劣条件、工资待遇的不公平、劳动关系的不稳定等。这些风险因素的存在,使得劳动者在追求职业发展和维护自身权益的道路上充满艰辛。

在劳动合同的签订方面,一些企业可能会采取狡猾的手段,使用模糊或含糊不清的语言,以规避为劳动者提供明确的权益保障。他们可能会故意拖延签订劳动合同的时间,或者在合同中添加一些不利于劳动者的条款。这种行为不仅损害了劳动者的利益,也暴露了企业的不负责任和缺乏诚信。面对这种情况,劳动者有权要求企业支付双倍工资,以弥补他们在等待合同明确期间所遭受的损失。这不仅是对劳动者辛勤工作的认可,更是对他们应得权益的坚决捍卫。如果企业长时间采取这种策略,超过一年的时间,那么这将被视为与劳动者订立了无固定期限的劳动合同。这意味着企业无法轻易解雇劳动者,必须为他们的稳定工作提供坚实的保障。

在劳动关系终止时,劳动者可能面临失业的风险。然而,一些用人单位可能会采取不正当手段,故意不将失业人员的名单和档案及时提交给社会保险经办机构。这种做法不仅剥夺了劳动者应享受的失业保险待遇,也给他们的生活和未来规划带来了严重困扰。在这种情况下,用人单位应当承担起相应的赔偿责任,为劳动者提供必要的经济援助,帮助他们渡过难关。

在用工形式方面,一些企业可能会通过签订非全日制用工合同来规避为劳动者提供全日制工作的权益和待遇。虽然非全日制工作在某些情况下可以为劳动者提供更多的灵活性,但一些企业却利用这一形式来剥削劳动者的权益。他们可能会通过签订两份非全日制用工合同,试图规避法律对全日制工作的规定。然而,这种做法在法律上是无效的。即使企业与劳动者签订了两份非全日制用工合同,法律仍然会认定劳动者与用人单位之间存在事实上的全日制劳动关系。这意味着企业不能通过玩弄文字游戏来逃避其应有的责任,必须为劳动者提供与全日制工作相匹配的保障和待遇。

工作环境作为劳动者每天必须面对的现实,其质量会对劳动者的身心健康和工作效率产生深远影响。一些用人单位可能会忽视劳动者的安全和健康,提供恶劣的工作环境。这不仅会对劳动者的身体健康造成损害,还可能导致劳动者的工作效率下降和心理压力增加。如果用人单位在劳动者的工作环境、工作内容和工资待遇均未发生变化的情况下,以其他单位名义与劳动者签订固定期限劳动合同,这实际上是企业试图规避其应承担的法律责任的一种手段。然而,这种做法在法律上是不被认可的。在这种情况下,应认定劳动者在用工期间与实际用工的用人单位存在劳动关系,并由该用人单位承担相应的法律责任。这是为了保护劳动者的合法权益,确保他们在工作中能够得到应有的保障和公正待遇。

此外,劳动风险还涉及职业安全风险、健康风险以及技能过时风险等方面。职业安全风险是指劳动者在工作中可能遭遇的意外伤害或职业病。用人单位应当为劳动者提供必要的安全培训和防护措施,确保他们在安全的环境中工作。健康风险是指劳动者因长期工作而可能患上的慢性疾病或精神压力。用人单位应当关注劳动者的身心健康,提供适当的休息和放松时间,以减轻工作压力。技能过时风险是指随着科技的不断进步和产业升级,劳动者的技能可能变得不再适用。因此,用人单位应当为劳动者提供必要的培训和进修机会,帮助他们提升技能水平,适应新的工作环境和需求。

综上所述,劳动风险涵盖了劳动者在职业生涯中可能遭遇的各种不确定性和挑战。为了维护劳动者的权益和尊严,我们需要对这些风险进行全面而深入的了解和研究。同时,我们还需要加大法律法规的制定和执行力度,确保用人单位能够遵守相关规定并为劳动者提供稳定、安全和公正的工作环境。此外,我们还需要加强劳动者的教育和培训工作,提高他们的自我保护意识和能力。只有这样,社会才能真正实现劳动关系的和谐与稳定,让每一位劳动者都能在职业生涯中收获满满的成就和幸福。

第二节　劳动安全

劳动安全,这一至关重要的议题,深深根植于每一位劳动者的心中,它不仅直接关联着劳动者的生命安全和身体健康,更是企业社会责任的鲜明体现。在现代高度工业化的社会里,随着技术的飞速进步和生产工艺的日益复杂化,劳动安全问题愈加凸显出其不容小觑的重要性。为了切实有效地保障劳动者的权益,我们必须采取一系列全面而深入、细致入微、强有力的措施,不断加强劳动安全管理,提升劳动者的安全意识,积极防范并坚决减少各类劳动事故的发生。

劳动防护用品,作为守护劳动者安全的第一道坚实屏障,其质量和性能的重要性不言而喻。高品质的安全帽,以坚固耐用的优质材料打造而成,配备着先进的防震、防滑技术,无论是高空作业还是地面工作,都能为劳动者的头部提供坚实可靠的防护,大大降低头部受伤的风险。防护眼镜,采用特殊的防护材料和精密的制造工艺,能够有效阻挡飞溅的颗粒物、腐蚀性化学物质等有害物质,保护劳动者的视力不受损伤。防护手套,则以柔软舒适、防滑耐磨的材料制成,能够有效隔离有害物质和高温物体,呵护劳动者的手部皮肤免受伤害。

除了劳动防护用品的选用外,安全设施的建设和维护同样不容忽视。防护栏杆、防火墙、防沉迷系统等安全设施,都是经过精心设计和严格建造的,具备卓越的防护功能和稳定性。防护栏杆,经过周密的力学计算和精密的结构设计,能够承受巨大的冲击力,防止劳动者从高处坠落,确保他们的人身安全。防火墙则采用先进的耐火材料和科学的结构设计,能够在火灾发生时有效阻止火势的蔓延,为劳动者和企业的财产安全提供坚实的保障。而防沉迷系统,则针对长时间使用电子设备的劳动者设计,通过科学合理的时间管理和健康提醒,有效减轻眼部疲劳和不良姿势引起的身体不适,保护劳动者的身体健康和工作效率。

随着科技的不断进步和创新,安全技术在劳动安全领域的应用也越发广泛和深入。智能监控系统能够实时监测生产过程中的各种参数和安全指标,一旦发现异常情况,立即发出警报并采取相应措施,有效预防和遏制事故的发生。自动化控制系统则能够精确控制生产设备的运行,减少人为操作的失误和安全隐患,提高生产效率和安全性。这些先进的安全技术不仅提升了生产效率和产品质量,还极大地降低了劳动者在工作中受伤的风险,为企业的稳定发展提供了坚实的支撑和保障。

然而,仅仅依靠先进的技术和设备是远远不够的,劳动组织和管理在保障劳动安全中也起着至关重要的作用。一个科学、合理、高效的劳动组织和管理体系,能够确保各项安全措施得到有效执行和落实,从而有效预防和避免事故的发生。因此,企业应当建立完善的安全生产制度,明确各级领导、员工的安全职责和任务,确保安全工作的有序开展和顺利实施。同时,加强安全教育和培训也是至关重要的。通过定期的安全培训、应急演练和案例分析等活动,劳动者可以更加深入地了解安全知识和技能,提高应对突发事件的能力和素质,减少安全事故的发生和损失。

此外,工作环境的改善和优化也是保障劳动安全的重要方面。一个舒适、整洁、安全的工作环境不仅能够提高劳动者的工作效率和满意度,还能够降低职业病和工伤事故的发生率。因此,企业应当投入足够的资源和精力来改善工作环境,提供充足的通风、照明和卫生设施等条件,确保劳动者的身体健康和工作安全。

劳动安全不仅关乎每一位劳动者的个体利益,而且是衡量一个国家或地区经济社会发展质量的重要标准。在一个劳动安全得到充分保障的社会里,劳动者的权益得到充分尊重,他们能够以更加饱满的热情和创造力投入工作中,为社会的繁荣和进步贡献自己的力量。相反,如果劳动安全得不到有效保障,不仅劳动者的生命安全和身体健康面临严重威胁,而且社会的稳定和发展也会受到严重阻碍。

为了不断提升劳动安全水平,我们需要从多个层面入手。首先,政府应加大法律法规的制定和执行力度,明确企业在劳动安全方面的责任和义务,加强对违法行为的惩处力度,确保劳动安全法规得到切实有效的执行。同时,政府还应加大对劳动安全领域的投入,推动科技创新和产业升级,提高劳动安全的技术水平和防范能力。

其次,企业应积极履行社会责任,将劳动安全作为企业文化建设的重要组成部分。企业应建立完善的安全管理体系,加强员工的安全教育和培训,提高员工的安全意识和自我保护能力。同时,企业还应积极引进和应用先进的安全技术和设备,提高生产过程的自动化和智能化水平,降低人为因素和操作失误带来的安全风险。

此外,社会各界也应积极参与劳动安全的保障工作。媒体应加强对劳动安全问题的宣传和报道,提高公众对劳动安全的关注度和认识水平。科研机构和高等院校应加强对劳动安全领域的研究和探索,推动劳动安全技术的创新和发展。社区和基层组织也应加强对劳动者的关心和支持,为他们提供必要的安全保障和帮助。

在全球化和数字经济快速发展的今天,劳动安全面临着更加复杂和严峻的挑战。新技术、新业态、新模式的不断涌现,给劳动安全带来了新的问题和挑战。因此,我们需要以更加开放和包容的心态,加强国际合作和交流,共同应对劳动安全领域的全球性挑战。

综上所述,劳动安全是一项长期而艰巨的任务,需要政府、企业和社会各界的共同努力和配合。通过加强劳动安全管理、提高劳动者的安全意识、推广先进的安全技术、改善工作环境等措施,我们可以更好地保障劳动者的生命安全和身体健康,推动经济社会的稳定发展和持续繁荣。同时,企业也应当将劳动安全作为自身社会责任的重要体现,不断加强自身的安全管理和创新,为劳动者创造一个更加安全、健康、和谐的工作环境,共同构建和谐社会,实现可持续发展。

第三节 劳动法

《中华人民共和国劳动法》(以下简称"劳动法"),这一现代社会不可或缺的重要组成部分,以其全面细致、严谨周密的特性,在维护全球劳动市场稳定、促进公平正义和推动有序竞争方面发挥着至关重要的作用。它融合了国家智慧与社会关怀的法律体系,不仅保障了劳动者和用人单位的合法权益,更为双方构建了一个公平、公正、有序的劳动关系环境。

在劳动合同方面,劳动法以其公正无私、平等自愿的原则,确保了劳动者和用人单位在签订劳动合同时的平等地位。这一规定不仅避免了任何形式的强迫和欺诈行为，还为劳动者和用人单位在劳动关系建立之初就明确了各自的权利和义务。通过劳动合同的签订，双方能够充分了解对方的期望和需求，建立起相互信任、相互尊重的劳动关系，为未来的合作奠定了坚实的基础。

在工资、工作时间和休息休假方面，劳动法以其人性化、合理化的设计，充分体现了对劳动者利益的深切关怀。它明确规定，用人单位必须按时足额支付劳动者的工资，确保劳动者获得应有的劳动报酬。这一规定不仅是对劳动者辛勤付出的肯定，也是对他们尊严和价值的尊重。同时，劳动法还倡导合理的工作时间和充足的休息休假，为劳动者提供必要的身心调整和恢复的机会，确保他们能够在保持健康的状态下更好地投入工作中。

在劳动安全卫生方面，劳动法以其严格的标准和严谨的态度，为劳动者创造了一个安全、健康的工作环境。它要求用人单位必须提供符合安全卫生标准的工作场所和必要的劳动保护措施，以降低工伤事故和职业病的发生率。这一规定不仅是对劳动者身体健康的保障，也是对他们生命安全的尊重。在劳动法的庇护下，劳动者可以在一个安全、健康的环境中充分发挥自己的才能和潜力，为社会作出更大的贡献。

此外，劳动法在社会保险和福利方面也作出了全面而细致的规定。它要求用人单位按照规定为劳动者缴纳社会保险费，确保劳动者在养老、医疗、失业等方面享有基本保障。这种制度设计不仅是对劳动者基本生活需求的保障，也是对他们未来生活的关爱和扶持。同时，劳动法还鼓励用人单位为劳动者提供各种福利待遇，以进一步提高劳动者的生活品质和工作满意度。这些福利待遇不仅是对劳动者辛勤付出的回报，也是对他们生活品质的提升。

在劳动争议处理方面，劳动法以其高效便捷、多元化解决途径的特点，为劳动者和用人单位提供了有效的纠纷解决机制。它鼓励双方通过协商、调解等方式友好解决争议，以维护劳动关系的和谐稳定。当协商和调解无法解决问题时，劳动法还规定了仲裁和诉讼等法律程序，确保劳动者的合法权益得到及时有效的保护。这种制度设计不仅体现了法律的公正性和权威性，也为劳动者和用人单位提供了解决纠纷的有效渠道。

综上所述，劳动法以其全面细致、人性化合理的设计，为劳动者和用人单位提供了坚实的法律保障。它不仅促进了劳动市场的稳定与有序竞争，也保障了劳动者的权益与利益。同时，劳动法还是国家和社会文明进步的重要标志之一，为我们创造了一个更加公平、公正、有序的劳动市场环境。在这个环境下，劳动者和用人单位可以更加自信地面对各种挑战和困难,共同推动劳动关系的和谐稳定和社会的发展进步。劳动法的存在不仅让劳动者在劳动中感受到尊严和价值,也为社会的繁荣与进步提供了坚实的法律支撑。

思考题

1.随着当前新型灵活就业形势不断涌现,"网约工"群体规模不断扩大,"网约工"劳动关系如何认定?"网约工"的权益受相关劳动法律保护吗?

2.分组讨论,谈一谈加强劳动安全工作主要应当从哪些方面着手。

延伸阅读

"网约工"有法律"名分"吗?

2017年底,一份二审判决为刘亚(化名)与三快公司的纠纷画上了句号。

三快公司是美团外卖平台的运营者。2015年三快公司与快跑公司签订协议,委托快跑公司承担河南省范围内的外卖配送服务。双方协议约定,快跑公司的员工与三快公司不存在任何劳动或劳务关系。此后,刘亚开始在郑州从事外卖配送工作,在一次配送过程中,他受了伤。

庭审中,双方围绕一个问题产生了极大分歧:刘亚与三快公司间究竟是否存在劳动关系?刘亚向法庭讲述,自己的工作站点是美团专送站,工牌、工服、头盔和送餐箱上都有"美团"字样。此外,刘亚还在美团外卖App上注册,并接收、完成订单。三快公司则坚决主张,刘亚是快跑公司委派的员工,与其并不存在劳动关系。一个重要原因就是双方签订的协议明确刘亚不受公司管理,双方不存在形式上的人身隶属关系。

从法律上来说,劳动关系成立应同时具备双方主体资格、用工管理与劳动安排、报酬、劳动为用人单位业务组成部分四大要素,也就是说,劳动者与用人单位是否存在管理、服务、取酬等方面的"人身隶属性"是判断劳动关系有无的核心。目前一般认为,"网约工"与App平台间是否成立劳动关系,应根据平台介入交易的程度以及对"网约工"控制力度的不同加以个案识别,审慎审查。

在该案件中,法院虽然确认了刘亚工作装备上有"美团"字样的事实,但也认定这属于品牌建设、推广的需要，不能据此得出劳动关系存在的结论。法庭明确认为，发布在网上的招聘信息显示快跑公司以自身名义招聘外卖配送员，其从事服务、接受培训管理的场所是快跑公司下属站点，且三快公司仅向快跑公司结算服务费，而未向配送员直接支付工资。最终，法院认定刘亚与三快公司间不存在劳动关系。

实践篇

第五章　生活劳动实践

人类物质生活的重要内容为衣、食、住、行四个方面。古人言："食必常饱，然后求美；衣必常暖，然后求丽；居必常安，然后求乐。"在物质生活相对丰富的今天，人们已然实现了吃饱穿暖、居有定所的基本生活需求，转而不断追求吃得精美、穿得精致、住得舒适、行得方便。所以在日常生活中投入了更多劳动，不仅仅是技能性劳动，更多的是审美性劳动。

当饮食、服饰上升为一种文化现象，而不仅仅是果腹御寒之需时，那美食华服背后蕴含的意义除了人们的生活需求，更见证了一种文化的变迁。大学生作为社会中有激情、创意、活力和希望的群体，应当以积极的心态认识饮食、服饰文化的意义，穿着得体、洁净、优雅，饮食合理、健康、营养，居住环境整洁、舒适、温馨，才能充分展现当代大学生自信、健康、美丽的精神风貌。

劳动项目一　食之有味

"民以食为天"，饮食的重要性不言而喻。俗语"人生万事，吃饭第一"也充分说明了吃的重要性。但是，要想吃必须先学会"做"，做饭这样的"小事"，常常也是考验我们独立生活能力的"大事"。它不仅是一项生活技能，更能让我们享受烹饪的乐趣，并用美食调剂生活。

劳动目标

（1）了解中国饮食文化、饮食与健康、饮食原料、饮食烹饪等相关知识。

（2）掌握基本的饮食烹饪技能，具备科学搭配膳食的能力。

（3）增强文化自信，强化劳动精神，树立感恩意识，增强对美好生活的热爱。

劳动知识

一、中国饮食文化

中国饮食文化是中华民族在长期的饮食生产与消费过程中所创造和积累的物质财富和精神财富的总和。学做饭，首先要了解博大精深的中国饮食文化。我国地大物博、幅员辽阔，亦有悠久的饮食文化。我们将饮食文化归纳出以下几个特点。

1.风味多样

中国是一个餐饮文化大国，长期以来某一地区由于地理环境、气候物产、文化传统以及民族习俗等因素的影响，形成了具有一定亲缘承袭关系、菜点风味相近、知名度较高并为部分群众喜爱的地方风味著名流派，称作菜系。其中，鲁菜、川菜、粤菜、闽菜、苏菜、浙菜、湘菜、徽菜被誉为"八大菜系"。

2.四季有别

一年四季，依季节而食，是中国烹饪的一大特征。自古以来，中国一直按季节变化来调味、配菜，冬天味醇浓厚，夏天清淡凉爽；冬天多炖焖煨，夏天多凉拌冷冻。

3.讲究美感

中国的烹饪，不仅技术精湛，而且有讲究菜肴美感的传统，注重食物的色、香、味、形、器的和谐统一，给人以精神和物质高度统一的特殊享受。

4.注重情趣

中国烹饪很早就注重品味情趣，不仅对饭菜点心的色、香、味有严格的要求，而且对它们的命名、品味的方式、进餐时的节奏、娱乐的穿插等都有一定的要求。中国菜肴的名称可以说出神入化、雅俗共赏。菜肴名称既有根据主、辅、调料及烹调方法的写实来命名的，也有根据历史掌故、神话传说、名人食趣、菜肴形象来命名的，如"全家福""将军过桥""狮子头""叫花鸡"等。

5.食医合一

中国的烹饪技术,与医疗保健有密切的联系,在几千年前就有"医食同源"和"药膳同功"的说法。许多食物原料都具有药用价值,利用这些原料做成的菜肴,不仅美味,还能达到防治疾病的目的。"食医合一"是实践与认识不断深化发展的历史性结晶。

二、饮食与健康

烹饪不仅要关注美味,更应该做到营养均衡。全球疾病负担研究报告显示,不合理膳食是中国人疾病发生和死亡的最主要因素。均衡的膳食、合理的营养搭配不仅可以保证人体正常生理功能的需要,还可以提高机体的抵抗力和免疫力,有利于预防和控制某些疾病的发生与发展。

根据中国营养学会编制的《中国居民膳食指南(2022)》,一般人群的膳食可遵循八项准则。

准则一:食物多样,合理搭配

(1)坚持谷类为主的平衡膳食模式。

(2)每天的膳食应包括谷薯类、蔬菜水果、畜禽鱼蛋奶和豆类等食物。

(3)每天摄入12种以上食物,每周25种以上,合理搭配。

(4)每天摄入谷类食物200~300 g,其中包含全谷物和杂豆类50~150 g;薯类50~100 g。

准则二:吃动平衡,健康体重

(1)各年龄段人群都应天天进行身体活动,保持健康体重。

(2)食不过量,保持能量平衡。

(3)坚持日常身体活动,每周至少进行5天中等强度身体活动,累计150分钟以上;主动身体活动最好每天6000步。

(4)鼓励适当进行高强度有氧运动,加强抗阻运动,每周2~3天。

(5)减少久坐时间,每小时起来动一动。

准则三:多吃蔬果、奶类、全谷、大豆

(1)蔬菜水果、全谷物和奶制品是平衡膳食的重要组成部分。

(2)餐餐有蔬菜,保证每天摄入不少于300 g的新鲜蔬菜,深色蔬菜应占1/2。

(3)天天吃水果,保证每天摄入200~350 g的新鲜水果,果汁不能代替鲜果。

(4)吃各种各样的奶制品,摄入量相当于每天300 mL以上液态奶。

(5)经常吃全谷物、大豆制品,适量吃坚果。

准则四:适量吃鱼、禽、蛋、瘦肉

(1)鱼、禽、蛋类和瘦肉摄入要适量,平均每天120~200 g。

(2)每周最好吃鱼2次或300~500 g,蛋类300~350 g,畜禽肉300~500 g。

(3)少吃深加工肉制品。

(4)鸡蛋营养丰富,吃鸡蛋不弃蛋黄。

(5)优先选择鱼,少吃肥肉、烟熏和腌制肉制品。

准则五:少盐少油,控糖限酒

(1)培养清淡饮食习惯,少吃高盐和油炸食品。成年人每天摄入食盐不超过5 g,烹调油25～30 g。

(2)控制添加糖的摄入量,每天不超过50 g,最好控制在25 g以下。

(3)反式脂肪酸每天摄入量不超过2 g。

(4)不喝或少喝含糖饮料。

(5)儿童青少年、孕妇、乳母以及慢性病患者不应饮酒。成年人如饮酒,一天饮用的酒精量不超过15 g。

准则六:规律进餐,足量饮水

(1)合理安排一日三餐,定时定量,不漏餐,每天吃早餐。

(2)规律进餐、饮食适度,不暴饮暴食、不偏食挑食、不过度节食。

(3)足量饮水,少量多次饮水。在温和气候条件下,低身体活动水平成年男性每天喝水1700 mL,成年女性每天喝水1500 mL。

(4)推荐喝白水或茶水,少喝或不喝含糖饮料,不用饮料代替白水。

准则七:会烹会选,会看标签

(1)在生命的各个阶段都应做好健康膳食规划。

(2)认识食物,选择新鲜的、营养素密度高的食物。

（3）学会阅读食品标签，合理选择预包装食品。

（4）学习烹饪、传承传统饮食，享受食物的天然美味。

（5）在外就餐，不忘适量与平衡。

准则八：公筷分餐，杜绝浪费

（1）选择新鲜卫生的食物，不食用野生动物。

（2）食物制备生熟分开、熟食二次加热要热透。

（3）讲究卫生，从分餐公筷做起。

（4）珍惜食物，按需备餐，提倡分餐不浪费。

（5）做可持续食物系统发展的践行者。

《中国居民膳食指南（2022）》为中国居民推出了平衡膳食宝塔，如下图所示。

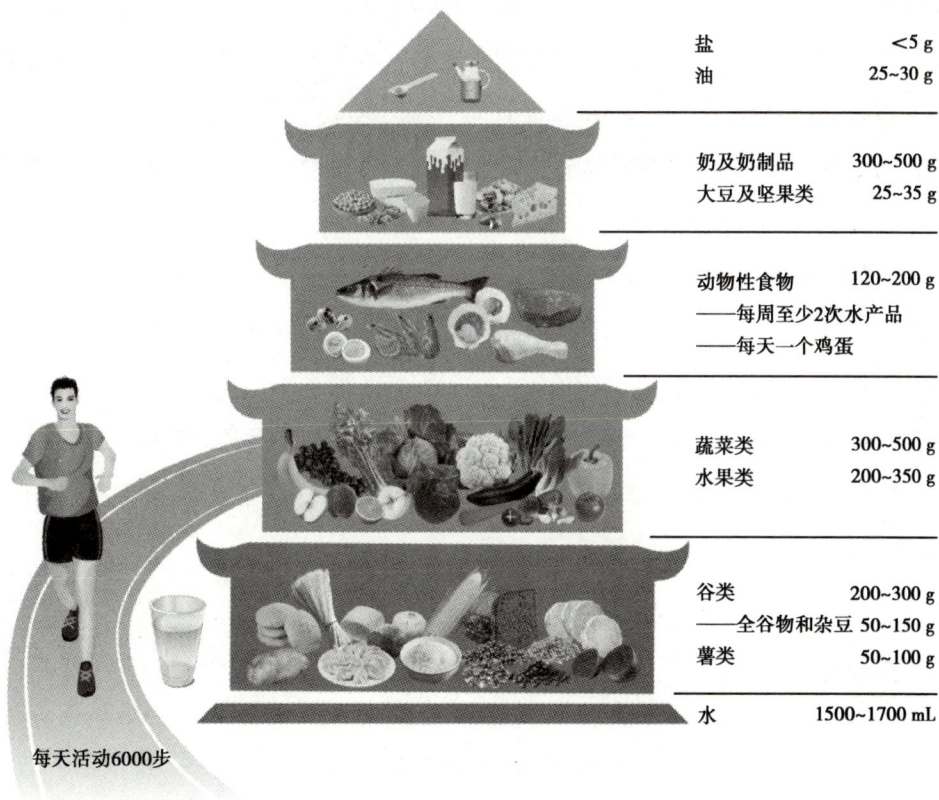

盐	<5 g
油	25~30 g
奶及奶制品	300~500 g
大豆及坚果类	25~35 g
动物性食物	120~200 g
——每周至少2次水产品	
——每天一个鸡蛋	
蔬菜类	300~500 g
水果类	200~350 g
谷类	200~300 g
——全谷物和杂豆	50~150 g
薯类	50~100 g
水	1500~1700 mL

每天活动6000步

三、饮食原料

正所谓"巧妇难为无米之炊",若没有现实的原料,任凭技艺再高超的厨师也无法烹饪出美味佳肴。接下来,让我们先来认识常见的食材和调料,为在厨房里大展身手扫清障碍。

1.食材

食材可分为谷物、蔬菜、肉类及肉制品、蛋奶及蛋奶制品、水产品、果品等。

谷物是制作各种主食的原料的统称,是庄稼和粮食的总称,包括谷类、豆类、薯类以及它们的制品,"五谷"指稻、黍、稷、麦、菽。谷物类可提供碳水化合物、蛋白质、脂肪、矿物质、维生素等,其主要成分为碳水化合物。

蔬菜中含有丰富的营养成分,特别是维生素、矿物质,它们对维持人体的酸碱平衡具有相当重要的作用。蔬菜类原料在菜肴中既可作主料又可作辅料,应用极广,绝大多数蔬菜可以作为主料来制作菜肴。

畜禽可为我们提供丰富的肉蛋奶,是人体优质蛋白、脂类、脂溶性维生素和B族维生素的主要来源。

水产品类原料是指可食的、有一定经济价值的水生动、植物。水产品大致可分为海洋鱼类,淡水鱼类,虾、蟹、贝类,软体类,爬行类等。大多数蛋白质含量高,脂肪含量低,且含多种维生素、无机盐等,具有较高的营养价值。

果品类原料品种多,应用广泛,在烹饪中占有一席之地。果品类原料可以分为:仁果类,如苹果、梨等;核果类,如桃子、李子等;浆果类,如葡萄、草莓等;坚果类,如栗子、松子等;柑果类,如柑橘、柚子等;瓠果类,如西瓜、甜瓜等。

2.调料

调料是人们日常生活中必不可少的,它虽然在膳食中不是主料,但却是构成菜肴的必需品。"开门七件事,柴米油盐酱醋茶",常用的配料有盐、葱、姜、蒜、白糖、味精、鸡精、酱油、生抽、老抽、醋、花椒、辣椒粉、胡椒、八角、桂皮、香叶、茴香、料酒等。

四、烹饪方法

中式烹饪方法丰富多彩,每一种方法都有其特别之处,主要包括炒、烧、蒸、爆、炸、煎、贴、烤、烘、腌、卤、熏、煮、熘、氽、烫、涮、滚、炖、煨、焖、滑、扒、烩、焗、煸、酱、拌、炝、卷、拼、冻、糟、醉、泡、风、酥、甜、扣、羹等40种烹饪方法。

炒:锅里放油烧热,将食物及调味料倒入,用大火快速翻拌成熟,分清炒、烩炒、爆炒等。

烧:煎炒后加水或高汤以小火烧,味透质烂之方法,分红烧、白烧、干烧等。

蒸:以水蒸气为导热体,将经过调味的原料,用旺火或中火加热,使成菜熟嫩或酥烂,可分清蒸、粉蒸、酿蒸等。

爆:利用大火热油或热酱、热汤,快速成菜,分油爆、酱爆、汤爆等。

炸:将食物放入大量滚油内,利用油热使食物在短时间内成熟。

煎:将食物以少许热油在锅中煎熟,分生煎、干煎等。

贴:将几种黏合在一起的原料挂糊之后,下锅只贴一面,使其一面黄脆,而另一面鲜嫩的烹饪方法。它与煎的区别在于,贴只煎主料的一面,而煎是两面。

烤:将食物调味,放在烤网上或烤箱内,加热使之熟透,分干烤、生烤、炭烤等。

烘:将食物调味,放在平底锅或烤网上,加以小火将食物慢慢烘干。

腌:将洗净沥干的原料在调味卤汁中浸渍,或用盐或酱油、调味品加以涂抹,使原料中的部分水分排出,调料渗入其中,分盐腌、酱腌等。

卤:将生或熟的食物,放入调制好的卤汁中烧煮成熟,让卤汁渗入其中,晾凉后食用。

熏:将已经烹调好处理熟的主料,用点燃的茶叶、松枝成烟加以熏制,分生熏、熟熏等。

煮:把食物放于适量汤汁或清水中,先用大火烧开,再用中火或小火慢慢煮熟。

熘:将原料经过油炸或开水氽熟后,另起油锅调制卤汁,然后将处理好的原料放入调好的卤汁中搅拌或将卤汁浇淋于处理好的原料表面,使菜品更加滑嫩可口。

氽:将食物由锅边倾入烧滚的汤里,待再次水滚时加葱花姜末,连汤带食物倒入汤碗内。

烫:将食物放入滚水或滚油中,至半熟捞出沥干再回锅作其他烹调。

涮:将食物切薄片放在锅中滚汤内来回涮熟,蘸调味料吃。

滚:将食物放入滚水或滚汤内,使之短时间煮熟。

炖:将食物放入加有大量水的锅内,或加葱姜酒调味,以小火慢炖至菜熟烂。

煨:将食物放入锅内以小火慢烧,烧成熟烂制成浓汤汁。

焖:将食物先炒或烧或煮,加入少量高汤,以小火焖至汤汁收干。

滑:将上薄浆的肉片用烧开的水或热锅冷油滑开,使肉质变嫩且口感好。

扒:将初步加工过的原料整齐地放入锅中,加入汤水和调味料,小火烹制收汁,保持成菜原形。

烩:将几种食物分别做熟或半熟,再回锅一同混炒、混烧或混煮。

焗:将肉类食物调味后以锡纸包好,埋入炒热的盐堆内,或用纱布包好埋入炒热的葱段内,以小火慢烧而成。

煸:锅内放少量油,再把食物放入锅内,不停用锅铲翻炒,以小火将食物水分炒干,加以调味。

酱:将食物以酱油或豆瓣酱浸泡入味,再加热煮熟。

拌:把生料或熟料切成丝、条、片、块等,加上调味料拌匀,待入味即可供食,分凉拌、热拌等。

炝:将食物焯水或过油后捞出,趁热浇上调料卤汁,然后再在上面浇一遍热油。

卷:以菜叶、蛋皮、面皮、花瓣等作为卷皮,卷入各种馅料后,裹成圆筒或椭圆形后,再蒸或炸。

拼:荤、素菜分别烹制好,切片或块,有序排在一大盘内,也称冷盘或拼盘。

冻:将食物煮烂调味,加琼脂或果胶粉煮成羹,待其凝结即为冻。

糟:将干的鱼类或鲜肉以酒糟浸泡入味,使之持久不坏,吃时加调料蒸熟。

醉:将荤菜用好酒浸泡,再加以蒸熟或生食,如醉鸡、醉虾等。

泡:将蔬果放入装有盐、高粱酒、冷开水、冰糖、香料的容器内浸泡取食,分盐水泡及糖醋泡两种。

风:将食物以盐、酒、香料腌制阴干,利用风力把食物的水分完全风干以便久存。

酥:将食物以热油炸熟,取出冷却后,以小火再炸一次,使其酥脆或加香醋慢慢煨酥。

甜:将食物加入适量糖分浸泡或煮成汤、烘成饼。

扣:将主菜处理好依序装入碗内使其不散乱,放调料,入蒸笼蒸熟,吃时倒扣在盘上。

羹:将材料煮高汤后,勾芡而成,又称糊汤或浓汤。

劳动材料

常用厨具、餐具、食材、调料等。

安全保障

1.用电安全

(1)湿手不得接触插头、插线板、计算机等电器装置,以防触电。

(2)电器用完后应及时关机,防止因长时间通电而受损。

2.用火安全

(1)烹饪过程中不要远离厨房,以防汤水溢出浇灭燃气灶火苗,造成燃气泄漏事故。

(2)厨房门窗保持通风,一旦室内有天然气和一氧化碳等有害气体能及时排出,避免因燃气泄漏或使用不当造成火灾、爆炸、中毒等事故。

(3)厨房内禁止堆放酒精、汽油等易燃品,以免引起意外失火。

3.其他注意事项

(1)做饭时,不要露出太多肌肤,穿长袖衣服和裤子可以保护皮肤和四肢,应避免掉落的刀子、重物、烤箱的热气、飞溅的滚烫液体带来的伤害。

(2)使用含锋利部件的电器时(如切割机、搅拌机、研磨机等),在进行清洗等处理时,要先拔掉插头,防止误触、误碰导致的意外启动。

(3)在使用刀具前,应检查其是否存在裂纹、松柄、锈蚀等现象,避免在使用过程中发生意外。

(4)刀具在使用完后应插入刀套或刀架内,不得放在操作台边缘及高处,以免坠落伤人。

(5)切菜要用砧板,而且要注意防滑,可以在砧板下面垫一块半湿毛巾,防止滑动,以免不小心切到手。

(6)在拿取刚蒸好或烤好的食物时,应戴隔热手套。没有隔热手套的,可用干毛巾代替。

(7)玻璃器皿、瓷器不能摆放在台面边缘,以免摔破伤人。

(8)掀锅盖时要往锅盖后面站,避免溢出的热气伤到自己。

(9)食材尽量滤干水再下锅,以免热油飞溅伤到自己。

劳动任务

每位同学利用节假日回家的机会,为家人做一顿感恩饭。

劳动实施

(1)询问家人喜欢的菜式和口味。

(2)设计菜单,要求荤素搭配、色香味全、安全营养、节约食材。

(3)整理所需食材及配料,并完成采摘或挑选。

(4)利用互联网等渠道,了解菜肴的烹饪方法和步骤。

(5)完成原材料的洗切等准备工作并拍照。

(6)在保障安全的情况下尽量独自完成烹饪,如有人搭档,则他人只能进行指导或辅助。

(7)烹饪过程及成品进行拍照记录(需本人入镜)。

(8)与家人共同进餐,表达对家人付出的感恩,并让家人对厨艺进行评价。

(9)用餐完成后,做好厨具、餐具的回收与清洗。

(10)回顾整个过程,撰写劳动总结。

劳动留影

烹饪前准备工作、烹饪过程、菜肴成品的照片。

劳动总结

请结合本次劳动实践中的切身体会,总结所识所获、所成所得、所感所悟,并对此次劳动实践的总体表现进行自评,同时邀请本次劳动的指导人员、协助人员或见证人员进行评价。

姓　名		学　院	
班　级		学　号	
总　结	知识增长: 能力提升: 感悟升华:		
自　评	优点: 缺点:		
他　评	评语: 改进建议:		

劳动项目二　寝室卫生劳动

寝室是学生生活、学习的重要场所,除教室、图书馆外,学生大部分时间都在寝室,寝室卫生状况的好坏直接影响到学生生活的质量。寝室卫生劳动有助于学生养成良好的行为习惯,营造良好的学习氛围。同时,寝室是同宿舍成员的共同居住地,遵守寝室值日制度,打扫寝室卫生,人人有责,有利于培养寝室成员的集体观念、责任意识和团结合作意识,更能反映寝室成员的精神风貌。因此,寝室卫生劳动既是学生文明行为养成教育的重要手段,又有利于提升学生的综合素养。

劳动目标

(1)了解寝室卫生劳动的意义和内容。

(2)掌握寝室卫生打扫和内务整理的方法技巧,增强动手能力。

(3)通过全寝室成员共同承担寝室卫生劳动,培养学生的集体观念、责任意识和团结合作意识,养成良好的文明行为习惯。

劳动知识

一、寝室卫生劳动的意义

寝室是大学生的"第二个家",让学生参与寝室卫生劳动,有助于形成良好的寝室文化氛围,帮助学生养成良好的文明行为习惯,使学生学会生活、学会生存、学会交往、学会发展,让学生认识到劳动的重要性。

1.学会生活

寝室是学生在校期间生活、休憩的地方,参与寝室卫生劳动是参与群居生活必备的一项生活基础技能。

2.学会生存

寝室是一个共享空间,生活垃圾无限堆积的结果会导致寝室生存空间的减少,致使学生无法在寝室获取良好的生活环境,从而患上各种各样的疾病,只有积极参与寝室卫生劳动,才能使自己所生活的地方变得更加美好。

3.学会交往

寝室成员同在一个屋檐下,打扫寝室卫生人人有责,如在实际参与过程中,学生未认真履行卫生值日制度,导致寝室脏、乱、差,容易引起同学间的内部关系紧张,从而产生矛盾。因此,寝室卫生劳动有助于人际关系的改善,营造和谐的寝室文化氛围。

4.学会发展

寝室卫生劳动不仅能够在生活、生存、交往方面帮助学生,也能为学生的自身发展提供良好的助力。学生通过寝室卫生劳动,掌握打扫的基本技巧,养成劳动意识;参与集体打扫,培养合作意识;参与寝室卫生评优评先,提升自身集体荣誉感;长期参与劳动,更能养成良好的行为习惯;进一步提升学生的综合素养,让学生能够更好地适应今后的社会生活。

二、寝室卫生劳动区域责任划分

(1)个人物品存放区域:床铺、桌面、鞋架、书架等。

(2)公共区域:阳台、地面、洗漱台、门窗、厕所等。

三、寝室卫生劳动时间安排

(1)每日寝室卫生劳动时间:8:00—8:30或12:40—13:50进行清扫,22:30—23:00进行保洁。

(2)每周三下午组织寝室卫生大扫除。

(3)课余时间学生对个人区域进行卫生管理和维护。

四、寝室卫生劳动工作职责

1.个人物品存放区域管理

寝室成员每日负责个人物品存放区域的清洁卫生打扫、卫生管理和维护,确保区域内无脏、乱、差等现象。

2.寝室长负责制

寝室长负责协调寝室成员制定寝室卫生值日安排表,督促当值的寝室成员及时开展寝室公共区域的卫生打扫,验收寝室成员开展寝室卫生劳动的具体成效,对未完成或需整改部分进行纠正。

3.寝室卫生轮值制

每周三下午全寝室成员组织开展寝室卫生大扫除,其他时间根据寝室卫生值日安排,由值日寝室成员开展寝室公共区域的卫生打扫,确保寝室公共区域的卫生管理和维护工作。

4.宿舍卫生检查制度

每周三17:00,由大学生公寓管理服务中心开展学生寝室卫生检查,并对各寝室卫生劳动效果进行评价。其余时间,由公寓管理员不定时对各寝室的卫生劳动情况进行检查,对脏、乱、差等寝室进行批评教育,监督整改。

五、寝室卫生劳动技巧及检查标准

1.寝室卫生劳动技巧

摆:打扫寝室卫生前,先把床铺、桌面、书架、鞋架等个人物品进行折叠或合理归置,做到"五齐",即床上用品叠放整齐、洗漱用品等摆放整齐、书籍物品等摆放整齐、衣帽鞋袜等用品摆放整齐、大件物品等摆放整齐。

擦:窗台需要用干毛巾进行擦拭,上床下桌、洗漱台、门窗、空调等基础设施,需用湿毛巾擦除灰尘,擦拭时应注意缝隙和角落的灰尘。

扫:扫地的方向从正门玄关、桌下、公共走廊、阳台到厕所,将地面上的垃圾和灰尘进行清扫,尤其注意墙角、柜脚等死角。

拖:拖地时把拖把的水拧干,从寝室正门玄关到阳台拖一遍,同时注意墙角、桌子下方和墙角等位置。

通:将劳动工具整齐地摆放在固定位置,及时将房间的正门和阳台门同时打开,让寝室形成空气对流,既能让刚拖的地尽快晾干,亦能排出脏空气,确保寝室内空气清新。

2.寝室卫生劳动检查标准

物品摆放:物品摆放整齐,如被褥、漱具、书籍、鞋子、箱子等物品归置布局合理,摆放整齐;基于消防安全考虑,不建议拉扯床幔。

地面卫生:保持整洁、干净,无尘土、无杂物;保持地面原色,无痰迹、口香糖胶,无卫生死角等情况。

门窗卫生:门窗清洁,玻璃干净;窗台不能摆放杂物,无灰尘。

墙壁卫生:严禁涂抹、刻画墙壁;严禁在墙壁张贴不健康字画,或有蹬踏脚印;保持墙壁清洁、无污渍、无蜘蛛网等。

阳台卫生:要求整洁干净,不允许摆放杂物,废旧闲置物品及时清理。

卫生间卫生:保持卫生间通风换气,卫生工具摆放整齐,及时用洁厕灵、84消毒液或草酸清洗便池,保持便池内外整洁,无污垢、无堵塞、无异味。

衣物卫生:被罩、床单、枕巾、衣服等应经常换洗;被褥、枕头等经常晾晒;衣物等需整齐放在衣橱内。

公共卫生:自觉维护公共卫生,配合做好卫生保洁工作,做好寝室门前的地面清洁工作,严禁将垃圾堆放在门口、楼道或公共卫生间内,禁止往楼外乱扔垃圾或乱泼脏水。

其他卫生:寝室内不存放异味较浓、易腐烂的物品,不需要的物品应及时清理,丢弃到楼下的垃圾处理站,减少寝室内蚊虫、细菌的滋生。

3.寝室卫生劳动考核管理

(1)多层管理,层层把关,齐抓共管,使寝室卫生劳动更精细、更优质。

(2)每日不定时开展寝室卫生抽查,每周三定时开展寝室卫生全覆盖检查,每周定期公布检查和抽查结果,对寝室卫生优异者进行通报表扬,对寝室卫生脏、乱者进行通报批评。考核等级分为优、良、中、差四个等级。

劳动材料

拖把、扫帚、撮箕、抹布、垃圾桶、玻璃刮、铲刀、消毒水、乳胶手套等。

安全保障

(1)防磕碰。寝室空间比较狭小,床、桌等物品占据空间较大,打扫卫生时不宜追逐打闹,以免被误伤。

（2）防滑、防摔。寝室地板比较光滑，打扫时不宜洒水过多，防止意外滑倒受伤；需要登高打扫卫生、取放物品时，要请他人加以保护，以防摔伤。

（3）防坠落。无论寝室是否处于高层，打扫寝室时都不要将身体探出阳台或窗外，以防坠落。

（4）防触电。无论电器是否通电，打扫寝室时都不得用湿手或湿抹布接触电插头或插线板，以防触电。

（5）防腐蚀。清洗顽固污渍时，需使用消毒液等腐蚀性物品，请注意佩戴口罩和专用手套，以防中毒或灼伤皮肤。

（6）防意外伤害。打扫寝室时注意刀、剪等锋利、尖锐的工具以及图钉、大头针等文具，清扫时不能随意放在桌子上、椅子上，防止意外伤害。

劳动任务

主动参加寝室卫生劳动，遵守寝室值日制度，按照寝室卫生标准完成打扫。

劳动实施

（1）寝室合理协商值日安排表，根据值日安排开展寝室卫生劳动。

（2）自觉管理和维护个人物品存放区域的卫生状况。

（3）若发现寝室内存在的安全隐患等问题，应及时排查，如私拉乱接、漏水、漏电等。

（4）在验收寝室卫生劳动效果时，应注意评价标准的公平性，较好或较差的寝室卫生状况应及时留照，并告知寝室成员整改要求和措施。

（5）参与寝室卫生劳动的学生回顾整个劳动过程，撰写劳动总结。

劳动留影

寝室卫生劳动前、劳动时、劳动后的照片。

劳动总结

　　请结合本次劳动实践中的切身体会,总结所识所获、所成所得、所感所悟,并对此次劳动实践的总体表现进行自评,同时邀请本次劳动的指导人员、协助人员或见证人员进行评价。

姓　名		学　院	
班　级		学　号	
总　结	知识增长: 能力提升: 感悟升华:		
自　评	优点: 缺点:		
他　评	评语: 改进建议:		

劳动项目三　教室卫生劳动

教室,是我们学习工作的重要场所,教室环境卫生的好坏直接影响到老师和同学们的工作、学习和生活。同时,教室环境也是一个学校文明程度的重要标志,是学校对外形象的直观影响因素。整洁的学习环境,能让我们懂得珍惜、学会爱护;整洁的学习环境,能让我们知书达理、和睦相处;整洁的学习环境,能让我们安心学习、快乐成长;此外,也能激发参与劳动的学生爱护教室环境的热情,使同学们能在日常中自觉维护教室环境卫生。

劳动目标

(1)了解学校教室卫生劳动的意义和教室卫生劳动管理制度。

(2)掌握教室卫生打扫的方法和技巧。

(3)树立责任意识。

劳动知识

一、教室卫生劳动的意义

让学生承担教室卫生劳动的目的是培养学生的劳动习惯和劳动技能,使他们将来到社会上能够适应社会的需要,同时还有以下几个好处。

1.培养劳动意识

通过打扫教室卫生,引导教育学生,劳动也是生活的一部分,并将伴随我们一生。

2.培养责任意识

教室是大家共同生活的地方,享受了美好环境的同时,每个人都应该为维护干净整洁的教室,尽到自己的责任。

3.培养良好的行为习惯

通过劳动,让学生感受打扫教室卫生的不易,自觉规范自身的行为习惯。

4.培养学生热爱劳动的情感

通过劳动,让学生养成劳动的习惯,形成以劳动为荣,以懒惰为耻的品质;抵制好逸恶劳、贪图享受、不劳而获、奢侈浪费等恶习的影响。

二、教室卫生劳动区域责任划分

(1)认识学校教学区域及分布图。

(2)根据各区域教室的卫生特点,分区域、分责任人进行卫生劳动划分。

三、教室卫生劳动时间安排

(1)教室卫生劳动时间:12:30—13:30 或 17:40—18:00 进行清扫,20:40—21:40 进行保洁。

(2)每周三下午组织教室卫生大扫除。

(3)课间学生对本班责任区进行卫生管理和维护。

四、教室卫生劳动工作职责

1.区域总负责人

让参与教室卫生劳动的学生在规定的时间内高标准、高质量地完成清扫任务,及时对部长工作作出评定和修正,负责中心的总体运作、清洁工具的管理、工资的造册,主要负责培训、管理、协调、资源分配等事项。

2.区域部长

对小组长和工作人员的工作进行指导,指出不足和需改进的地方,向总负责人反映出现的状况,向小组长传达上级命令。主要负责相应教学楼小组长的监督管理,定期检查,找出相应教学楼存在的问题,及时反馈并记录存档。

3.区域小组长

接受部长命令,传达给工作人员,提出整改意见并监督执行。主要负责对应教室、保洁人员、清洁用具的检查和分配,及时更换已坏的工具并记录存档。

4.区域工作人员

把所负责区域的卫生按标准打扫干净、到位,如在劳动中遇到问题第一时间向直接上级进行反馈。

五、教室卫生劳动技巧及检查标准

1.教室卫生劳动技巧

摆:打扫教室卫生前,先把教室里的桌椅,讲台上的黑板擦等物品摆放整齐。

扫:从教室后向教室前扫地,注意墙角和讲台下。

擦:黑板要用湿抹布擦洗,擦拭计算机(拧干抹布)、桌椅、讲台、门框、窗、窗台、空调、教室内外的门面。

拖:拖地时把拖把的水拧干,从教室后向前拖,同时注意墙角、讲台门后等。

关:劳动工具固定位置摆放整齐,关灯、关空调、关门窗。

2.教室卫生劳动检查标准

(1)教室地面无灰尘,无积水,无纸屑,无痰迹等。

(2)教室桌椅摆放整齐,桌面干净,摆放成一条线;机房计算机、鼠标、键盘等摆放整齐。

(3)教室墙壁无积尘,无污渍,无蜘蛛网、鞋印、字迹、贴纸、刻画印痕等。

(4)教室门、窗、窗台、空调无灰尘。

(5)教室黑板板面干净,上沿无粉末。

(6)教室讲台干净,无积水脏迹,无杂物放置。

(7)教室内宣传牌等悬挂物、张贴物整齐有序。

(8)教室卫生工具摆放规范整齐,垃圾桶清理及时。

3.教室卫生劳动考核管理

(1)多层管理,层层把关,齐抓共管,使教室卫生劳动更精细、更优质。

(2)每日、每周三定期检查和不定期进行卫生抽查,每月定期公布检查和抽查结果,向全校通报各区域卫生检查评比成绩,并纳入月度考核。考核等级分为优、良、中、差四个等级。

劳动材料

拖把、扫帚、撮箕、抹布、垃圾桶、玻璃刮、铲刀、除胶剂、消毒水、乳胶手套等。

安全保障

(1)防磕碰。教室空间比较狭小,又放置了许多桌椅,打扫教室时不应在教室中追逐打闹,以免误伤。

(2)防滑、防摔。教室地板比较光滑,打扫教室时要注意防止滑倒受伤;需要登高打扫卫生、取放物品时,要请他人加以保护,以防摔伤。

(3)防坠落。无论教室是否处于高层,打扫教室时都不要将身体探出阳台或者窗外,以防坠落。

(4)防触电。无论电器是否通电,打扫教室时都不得用湿手或湿抹布接触插头或插线板,以防触电。

(5)防腐蚀。在使用消毒液等腐蚀性物品消毒教室时,请佩戴口罩和专用手套,以防中毒或灼伤皮肤。

(6)防意外伤害。打扫教室时注意刀、剪等锋利、尖锐的工具以及图钉、大头针等文具,清扫时不能随意放在桌子上、椅子上,防止意外伤害。

劳动任务

主动参加教室卫生劳动,按照相应区域的具体卫生标准完成打扫。

劳动实施

(1)查看学校发布的教室卫生劳动工作安排通知,填写申请表,参加学校组织的教室卫生劳动。

(2)在卫生劳动前,根据不同责任区域的具体要求、范围及应达到的卫生标准,开展集中培训。

(3)在卫生劳动前,对每一个责任区域的安全性、存在的安全隐患及注意事项进行讲解。

(4)参与教室卫生劳动的学生在教室卫生劳动过程中和结束后进行拍照记录。

(5)管理人员对卫生劳动之后的教室进行日常考核并及时反馈、整改。

(6)参与教室卫生劳动的学生回顾整个劳动过程,撰写劳动总结。

劳动留影

劳动培训、劳动过程、教室卫生劳动后的照片。

劳动总结

　　请结合本次劳动实践中的切身体会,总结所识所获、所成所得、所感所悟,并对此次劳动实践的总体表现进行自评,同时邀请本次劳动的指导人员、协助人员或见证人员进行评价。

姓　名		学　院	
班　级		学　号	
总　结	知识增长： 能力提升： 感悟升华：		
自　评	优点： 缺点：		
他　评	评语： 改进建议：		

留学生锻炼独立生活能力 就从做饭这件小事入手

出国后才发现自己还是"中国胃"！许多留学生念念不忘的，是家乡菜的味道。

独立生活的起点——学会每天记录开销

"在澳大利亚最难的，就是'吃'的问题。"就读于澳大利亚西悉尼大学的周筱雅如是说。"澳大利亚是一个进口国家，当地市场上的许多产品都是进口的，食品的物价较高。另外，我所在的学校没有学生餐厅，而外面的餐厅一顿普通的饭菜都要15澳元左右，折合人民币大约73元，这样的价格对于我们这些留学生来说有点高。"

依靠父母的资助在澳大利亚生活，周筱雅在很短的时间内就学会了精打细算。"澳大利亚当地的餐厅，点餐分量很大，吃不完浪费掉可不是一个好习惯。"

"出国后才发现，自己还是'中国胃'。"周筱雅调侃道，"澳大利亚当地人的饮食习惯就是'三明治拯救一切，两片面包夹起一个宇宙'。"在经历过起初的新奇后，周筱雅开始琢磨如何维持自己的健康饮食习惯。

"国外的饮食比较油腻，即使找到亚洲餐厅，能吃到的大部分也是热量很高的咖喱之类的菜品；而中餐的烹饪方法非常丰富，炒、烤、烩、蒸、煮，选择余地更大。"比较以后，她做出决定：要关注学业，也要兼顾好自己的生活品质。

必须学会独立生活的一个重要技能——做饭

陈梦晓(化名)刚到韩国留学一年，她说："我以前从不记账。来到韩国之后，发现餐厅的价格格外高，街边普通小店里，一份水煮肉片的价格都能高出国内餐厅两倍。来韩国前，我不会做饭，即使父母催促我学习，我也会找借口推脱掉。"陈梦晓回忆道："以前的我从来不进厨房，在家连燃气灶都不敢开。但是来到韩国之后，我发现必须学做饭，因为它的确是生活的必备技能。"

"当然，我得到了朋友的帮助。在和朋友们一起做出一顿饭的过程中，我发现做饭原来是一件很快乐的事情。"陈梦晓说。

从"十指不沾阳春水"到"越来越喜欢探索做饭的技巧"，陈梦晓有许多难忘的经历："刚开始学做饭的时候，鸡蛋被炒成黑色。但我想，如果学会几道拿手菜，就可以请认识的韩国朋友和同学到家里来聚餐，于是就有动力坚持下来了。"回想起刚学做饭时的场景,陈梦晓笑道:"我特别害怕青菜在锅里'噼噼啪啪'地油汁四溅,所以每次把菜放进锅后都赶紧跑出厨房,等锅'冷静下来'我再赶紧跑回去"。

独立能力的关键——懂得照顾他人感受

更重要的收获是,许多学生通过做饭,学到了如何在不同的文化环境中遵守公共规则,照顾他人感受。

谈到中澳生活中的差别,周筱雅分享道:"在澳大利亚,每家每户都要求安装烟雾报警器。中餐制作时的烹饪方法,比如翻炒,会产生大量油烟。这时候如果处理不及时,报警器就会启动。在家里做饭一定要注意油烟问题,因为报警器响3次后,消防队就会赶来,而且消防队出动一次需要1700澳元,大约8000元人民币。所以对于我们留学生来讲,要特别注意家里的排烟系统。"

展现独立能力——以美味促进交往

"大家聚在一起做饭聊天,也是让合租舍友迅速'破冰'的最好方法。"周筱雅说,"我的舍友分别来自英国、印度、西班牙等5个国家。中国饮食花样众多,第一次聚餐的时候,我给舍友演示包饺子和包子。她们都非常惊奇,直夸我手法专业,还加入进来跟我一起做。"

吃火锅也是增进友谊的一个不错形式,在外国人眼中既热闹又新鲜,还好吃。陈梦晓分享道:"我喜欢召集很多小伙伴一起做饭。因为韩国物价较高,多一些人可以多一些选择,而且花费平摊下来也更划算。有时候通过这种方式还能认识新朋友。来聚餐时,很多同学都会叫上自己的朋友一起来,既吃饭,又能通过一起做饭、一起打扫的过程相互熟悉,从而扩大了交际圈。"

对于张可欣而言,饮食文化也是一个加强同学间联系的方法。"周末的时候,常常会有许多同学一起聚到家里,来自同一个地方的老乡可能之前并不认识,但是通过一起做饭吃饭,能聊起很多共同的回忆和话题,可以迅速拉近彼此间的关系。"张可欣甜蜜地回忆道,"我的男朋友就是我在留学期间认识的。我们都是武汉人,有一次他过生日,那时我们还不是特别熟悉,我就送了他一包速食的热干面,两个人一下子就因为故乡的特色饮食而有了共同话题。"

第六章 生产劳动实践

生产性劳动是指劳动者借助劳动资料,使自己的劳动作用于劳动对象,按照预定的目的生产某种产品的活动。我们可以从自身专业发展出发,从经济社会发展和自身生存需求出发,参加不同类型的生产劳动。

立足自身专业,参加专业生产劳动。结合自身专业和未来发展,深入生产劳动第一线,学习专业相关的基本劳动技能,体验现代科技条件下劳动实践新形态、新方式,加深对自身专业的认识和理解,建立更清晰的个人职业规划。

立足经济社会发展和自身生存需求,参加农业生产劳动。习近平总书记强调,中国人的饭碗任何时候都要牢牢端在自己手上,我们的饭碗应该主要装中国粮,一个国家只有立足粮食基本自给,才能掌握粮食安全主动权,进而才能掌控经济社会发展这个大局。当然,也许未来的我们很多人不会以种地为生,但我们每个人都可以成为一个农业生产力。掌握基本的种植知识、具备基本的种植能力依然是大有必要的。当极端情况发生时,供应链运行受阻,我们可能遭遇"买不到"的困境,那么就凭借已有的知识经验,实现自给自足。

劳动项目一 电子信息工程专业生产劳动

电子信息工程专业主要是培养学生在嵌入式应用、车联网以及电子产品制造等相关领域的专业能力。要求学生掌握必备的数学、自然科学、电路与电子学、信号系统、计算机、电磁场等基础理论知识,以及嵌入式软硬件开发、车联网、通信网络等专业知识和专业技能;具有较强的工程实践能力、创新意识;具备基本的职业道德、职业素养与社会责任感,以及一定的人文素养和学习能力,初步具备解决电子信息工程领域实际工程问题能力,能够从事设计开发、生产管理、系统集成、系统运维、调试测试等岗位工作。

劳动目标

1.知识目标

(1)了解电子信息工程专业安全知识、工程伦理知识、职业和行业的重要法律法规及方针政策。

(2)掌握在电子信息领域从事工程开发与设计所需要的数学和自然科学基础知识。

(3)熟悉大学物理、信息技术的基本知识。

(4)掌握计算机基础、计算机基本原理、计算机网络和高级编程语言的相关知识。

(5)掌握文献检索的基本知识。

(6)掌握基本实验仪器设备的使用。

(7)掌握电路与电子学、电磁场的基本知识。

(8)掌握信号与系统、信号处理、通信技术等的基本概念、基本理论和基本分析方法。

(9)掌握单片机、嵌入式系统、FPGA技术的基本原理及应用程序开发设计方法。

(10)了解软件、物联网、大数据等相关专业的基本知识。

(11)了解工程项目管理的基本知识。

2.能力目标

(1)利用理论分析工程的技术问题,包括问题的识别、模型的建立和求解等。

(2)能应用物理学基本原理分析工程问题,具有物理实验的基本技能。

(3)具有电路功能模板实验测试的能力。

(4)具有电路系统仿真的能力。

(5)具有通用专业工具使用的能力。

(6)具有单片机、嵌入式、FPGA基本器件判断、分析使用的能力。

(7)具有基本软件编程的能力。

(8)具备系统设计、调试、运行、维护的能力。

(9)具备分析需求、运用标准规范的能力。

(10)具备复杂设备设施工具使用的能力。

(11)具备技术革新、创新应用的能力。

(12)具备工程制图、实施的能力。

3.素养目标

(1)能够了解本领域最新技术发展趋势,选择国内外相关技术信息的能力。

(2)具有一定的专业外语阅读能力、一定的书面和口头表达能力。

(3)能正确理解电子信息工程与相关专业之间的关系,具有与相关专业人员良好的沟通与合作能力。

(4)具备较强的人际交往能力,善于倾听、了解业主和客户的需求。

(5)具备较好的思想品德素质,树立正确的人生观价值观。

(6)具有良好的社会公德和职业道德。

(7)具有较强的身心素质,吃苦耐劳,工作适应能力强。

(8)具有较强的创新素质、创业精神和一定的信息素质。

(9)具有一定的自主学习能力。

(10)具备正确的劳动观点和态度,热爱劳动和劳动人民,具有良好的劳动习惯。

劳动知识

一、C语言基础

C语言是一门面向过程的、抽象化的通用程序设计语言,广泛应用于底层开发。C语言能以简易的方式编译、处理低级存储器。C语言是仅产生少量的机器语言以及不需要任何运行环境支持便能运行的高效率程序设计语言。尽管C语言提供了许多低级处理的功能,但仍然保持着跨平台的特性,以一个标准规格写出的C语言程序可在包括类似嵌入式处理器以及超级计算机等作业平台的许多计算机平台上进行编译。

主要特点:C语言是一种结构化语言,它有清晰的层次,可按照模块的方式对程序进行编写,十分有利于程序的调试,且C语言的处理和表现能力都非常强大,依靠全面的运算符和多样的数据类型,可以轻易完成各种数据结构的构建,通过指针类型可对内存直接寻址以及对硬件进行直接操作,因此C语言既能够用于开发系统程序,也可用于开发应用软件。

编译器:GCC,GNU组织开发的开源免费的编译器;MinGW,Windows操作系统下的GCC;Clang,开源的BSD协议的基于LLVM的编译器;Visual C++ :: cl.exe,Microsoft VC++自带

的编译器。

　　集成开发环境：Code::Blocks，开源免费的C/C++ IDE；CodeLite，开源、跨平台的C/C++集成开发环境；Dev-C++，可移植的C/C++IDE；C-Free；Light Table；Visual Studio系列。

二、电路与电子基础

(一)电路基础

　　电路是组成各类电气电子设备和系统的基础。电路是指由电源和电子设备或电子元器件通过导线按照一定规则互连而成的具有特定功能的电流通路，如下图所示。电路的分析主要是依据电路模型和拓扑，运用电路定理，分析求解电路中各变量(电压、电流、功率)。

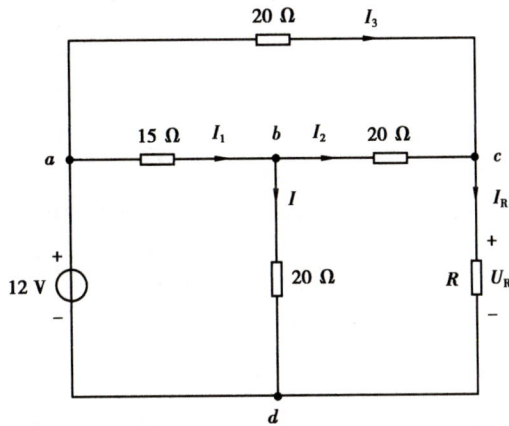

　　电路主要完成三个任务或实现三个功能：能量转换、信号处理、数据存储与计算。

(二)模拟电子技术

　　模拟电子技术主要是分析基于半导体的特性，二极管、三极管的工作原理，以及分析基于三极管构建的各类电路，如功率放大电路、运算放大电路、反馈放大电路、信号运算电路、信号产生电路、电源稳压电路的工作原理。

1.半导体

物质按导电的性质可分为导体、绝缘体和半导体。半导体是在纯净的晶体结构(称为本征半导体,通常有硅或者锗)中,掺杂一定的微量元素,形成电子或空穴,从而产生N型半导体、P型半导体。在N型半导体中,掺杂微量五价元素(如磷、锑、砷等),电子浓度远远大于空穴的浓度,主要靠电子导电。而在P型半导体中,掺入微量的三价元素(如硼、镓、铟等),空穴成为多数载流子,自由电子为少数载流子,主要靠空穴导电。

2.PN结

将N型半导体和P型半导体结合在一起,在它们的接触界面就形成了PN结,二极管、三极管的工作特性主要建立在PN结的基础之上。PN结的一个主要特性就是单向导电性。

3.三极管

在半导体锗或硅的单晶上制备两个能相互影响的PN结,组成一个PNP(或NPN)结构,便形成三极管。三极管有三个电极,分别为基极、集电极、发射极;有三个区,分别为发射区、基区、集电区。

4.场效应晶体管

场效应晶体管(Field Effect Transistor,FET)依靠一块薄层半导体受横向电场影响而改变其电阻(简称场效应),使其具有放大信号的功能。该薄层半导体的两端各接两个电极分别称为源极和漏极,控制横向电场的电极称为栅极。根据栅极的结构,场效应晶体管主要分为:结型场效应晶体管(Junction Field Effect Transistor,JFET),它用PN结构成栅极;金属-氧化物-半导体场效应晶体管(Metal-Oxide Semiconductor Field Effect Transistor,MOSFET),它用金属氧化物半导体构成栅极。场效应管的制造工艺使其可以方便地把很多场效应管集成在一块硅片上,因此场效应管在大规模集成电路中得到广泛应用。

(三)数字电子技术

计算机、单片机等处理的都是二进制数字信号,模拟信号进入计算机前需要通过模数转换,变成二进制的数字信号,才能被CPU处理和计算。数字电路是专用于处理数字逻辑的电路,处理的是逻辑电平"0"和"1"。数字电路根据电路结构不同,可分为分立元件电路和集成电路两大类。根据集成度不同,可分为小规模、中规模、大规模、超大规模、巨大规模等类型。根据逻辑功能不同,可分为组合逻辑电路和时序逻辑电路。其中门电路是基本的单元。

1.门电路

输出和输入之间具有一定逻辑关系的电路称为逻辑门电路,简称门电路。常用的门电路有与门、非门、或门、与非门、或非门、与或非门、异或门等,用于进行常规的逻辑运算。

2.组合逻辑电路

组合逻辑电路是指用数字逻辑电路器件所实现的逻辑表达式或真值表,其特点是电路输出与电路原来所处的状态无关。主要有以下几种电路:编码器、数据选择器、数据分配器、加法器。

3.时序电路

在时序电路中,电路的输出不仅取决于当时电路的输入,还与以前电路的输入和状态有关。时序电路具有记忆功能。时序电路一般需要一个外部时钟,在时钟的驱动下,改变电路的输出。时序列电路的基本单元是各类触发器,常见的时序电路有寄存器、移位寄存器、计数器、序列信号发生器等。

三、单片机与嵌入式系统知识

单片机(Single-Chip Microcomputer)是一种集成电路芯片,采用超大规模集成电路技术把具有数据处理能力的中央处理器CPU、随机存储器RAM、只读存储器ROM、多种I/O口和中断系统、定时器/计数器等功能集成到一块硅片上构成的一个小而完善的微型计算机系统。因此,单片机只需要有适当的软件和外部设备,便可成为一个单片机控制系统。

嵌入式系统(Embedded System)是电子设备中常用的系统,电气电子工程师学会(Institute of Electrical and Electronics Engineers, IEEE)对嵌入式系统的定义是:用于控制、监视或者辅助操作机器和设备的装置。国内对嵌入式系统通常作如下定义:嵌入式系统是以应用为中心,以计算机技术为基础,软件硬件可裁剪,适用于对功能、可靠性、成本、体积、功耗有严格要求的专用计算机系统。

总之,单片机与嵌入式系统是为了实现控制功能而设计的一种微型计算机。它的应用首先是控制功能,即在于实现计算机控制。其实现手段采用嵌入方式,即嵌入对象环境中作为一个智能控制单元。由于被控对象种类繁多,其应用也非常广泛,如仪器仪表、工业测控、计算机与通信设备、家电与日常生活用品、无人机、雷达等。

四、相关工具

(1)Keil编程软件工具。

(2)Proteus仿真软件工具。

(3)开发板USB转串口CH340驱动软件工具。

(4)程序烧写软件工具。

五、单片机开发过程

(1)硬件设计:单片机系统原理图设计、选择元器件接插件、安装和电气检测等。

(2)软件设计:单片机系统程序设计、汇编编译、调试和编程等。

(3)单片机系统综合调试:单片机系统实际运行、检测、在线调试直至完成。

劳动材料

(1)计算机。

(2)硬件环境:

a. 内存8 GB及以上;

b. CPU i5及以上;

c. 硬盘200 G以上。

(3)软件环境:

a. Windows 7.0版本及以上;

b. 新版本的 Keil μVision4及以上;

c. PZ-ISP普中自动下载软件;

d. 串口调试助手。

(4)耗材:电子制作散件若干、电池若干、电烙铁若干、焊锡丝若干、斜口钳若干、镊子若干。

(5)中国知网、万方数据库等学术数据库漫游账号密码。

安全保障

1.用电安全

(1)湿手不得接触插头、插线板、计算机等电器装置,以防触电。

(2)电器用完后应及时关机,防止因长时间通电而受损。

2.其他注意事项

(1)保持网络的畅通。

(2)注意所设计的程序和电路图及时保存。

劳动任务

从下列任务中任选一项,进行专业劳动实践。要求:形成作品,同时完成设计说明,撰写说明书。说明书详细列出主要性能和结构示意图。说明书中包括设备安装、调试、用户操作、保养维护、系统功能介绍、常见事故处理、技术参数等。

任务一:超声波测距报警装置设计

技术要求:

(1)超声波模块测距,测距范围0.02~6 m,精度1 cm。

(2)距离不变化时(±1 cm),只播报一次,避免太吵。

(3)数码管显示当前的距离,按键可以设置报警距离。

(4)当距离小于报警距离时,蜂鸣器和LED声光报警。

(5)语音IC和喇叭组成语音播报系统。

(6)按键功能(报警值可调):按键1,加报警值;按键2,减报警值;按键3:设置按键。

(7)拓展:本设计在完成语音播报距离功能,可以添加蜂鸣器,实现报警功能。

任务二:自动浇水系统设计

技术要求:

(1)1602液晶显示器,显示当前测量湿度和报警的上限和下限阈值。

(2)按键可设置上、下限值,低于下限报警并启动水泵浇水,高于上限停止浇水。

(3)采用继电器驱动微型潜水泵,继电器优点就是可以驱动更大电流的负载,方便更换,实用性更强。

（4）通过 ADC0832 将土壤湿度传感器检测到的模拟量信号转换成数字量信号给单片机，单片机控制 1602 液晶显示出当前的湿度百分比。

（5）拓展：加 Wi-Fi 模块（ESP-12），手机 App 上还可以手动控制浇花/灌溉，App 可以异地查看当前湿度，异地控制上下限等。

任务三：烟雾火灾报警器设计

技术要求：

（1）1602 液晶显示、DS18B20 温度传感器、MQ-2 烟雾传感器或 MQ-5 可燃气体传感器及 ADC0809 模数转换芯片构成一套火灾控制系统设计。

（2）实时显示当前的烟雾值和温度值。

（3）温度和烟雾的报警值可以通过按键设定。

（4）当前温度值超过上限时，红灯亮，蜂鸣器响。

（5）当前烟雾值超过上限时，黄灯亮，蜂鸣器响。

（6）四个按键功能：减、设置、加、复位按键。

（7）拓展：增加继电器驱动模块，当烟雾或可燃气体浓度超过报警值时启动继电器，继电器带动风扇转动模拟排烟。

任务四：简易交通灯设计

技术要求：

（1）采用四方向数码管显示时间的设计，更加符合真实的交通信号灯设计。

（2）九个按键：复位、夜间模式、紧急模式、东西通行、南北通行、确定调时时间、时间加、时间减、切换调时方向。

（3）夜间模式：按下"夜间模式"按键后，四个方向的黄灯闪烁。

（4）紧急模式：当救护车、消防车等通过时，按下"紧急模式"按键，四个方向的红灯全部亮起。

（5）东西方向和南北方向的通行时间可以分开设置，就是模拟实际交通中的主干道和支干道。

（6）拓展：交通灯正常运行时，黄灯亮，蜂鸣器响提示行人及车辆注意；深夜模式时，黄灯亮，但蜂鸣器不响。

劳动实施

　　查阅相关资料,明确课题思路。通过专业技术论坛和数据平台查找相关技术资料和参考文献进行研究对比分析,确定初步方案,通过软件仿真的方式,购买相应耗材试验确定功能,验证方案的可行性和正确性,具体设计步骤如下。

　　(1)获取C51单片机的开发手册以及相关的固件库资料,了解芯片的工作模式、工作条件、处理速度及外设配置等。

　　(2)了解相关传感器模块的工作原理、数据获取方式以及相关的技术开发手册。

　　(3)采用Altium Designer16绘制系统的原理图。

　　(4)根据原理图焊接、组装、连接各个模块,实现硬件模型的搭建。

　　(5)使用Keil μVision 4软件开发工具对系统各个模块进行程序编写。

　　(6)使用J-LINK工具将程序下载到单片机进行单个功能调试和整体功能调试,直至整体功能可全部实现。

　　(7)撰写劳动实践总结。

劳动留影

项目准备工作、项目过程、作品成品的照片。

劳动总结

　　请结合本次劳动实践中的切身体会,总结所识所获、所成所得、所感所悟,并对此次劳动实践的总体表现进行自评,同时邀请本次劳动的指导人员、协助人员或见证人员进行评价。

姓　名		学　院	
班　级		学　号	
总　结	知识增长: 能力提升: 感悟升华:		
自　评	优点: 缺点:		
他　评	评语: 改进建议:		

劳动项目二　网络与新媒体专业生产劳动

网络与新媒体专业要求学生掌握必备的文学、政治学、新闻传播学类基础理论知识,以及新媒体内容策划、新媒体产品设计等专业知识和技能;具有较强的新闻传播动手能力和实践创新能力;具备良好的职业道德、职业素养与社会责任感,以及一定的人文素养和学习能力,能够在全媒体新闻传播领域从事策划、采访、摄影、写作、录像、编辑、制作、审校、传播、运营等岗位工作。

劳动目标

1.知识目标

(1)熟悉哲学、历史、经济学等社会科学基本知识。

(2)熟悉政治学、法学、管理学等方面的公共政策和管理基本知识。

(3)了解心理学、文学、美育、军事以及职业发展等方面的基本知识。

(4)了解习近平新时代中国特色社会主义思想的基本知识和当前形势政策。

(5)了解文学学科知识,学会运用科学研究方法,指导未来的学习和工作。

(6)了解计算机方面的知识。

(7)了解纪实影像方面的知识。

(8)了解直播、运营、危机管理等运营管理方面的知识。

(9)掌握一门外语。

(10)掌握计算机基础相关知识。

(11)掌握文献检索的基本知识。

(12)掌握网络与新媒体专业的应用理论和基本技术,用科学的方法进行网络与新媒体研究。

(13)掌握全媒体时代新闻传播规律、流程、方法,能够在伦理道德、审美及构思创意、人文情操上提高新闻专业素养。

（14）理解新闻传播学的基本理论与方法，具备基本的媒介素养。

2.能力目标

（1）具备社会调查、创意策划、网络宣传定位诊断、网络品牌形象策划、整合营销传播等与新媒体内容策划相适应的实践创新能力，能够胜任新媒体内容策划方面的工作。

（2）具备新媒体广告宣传、数字多媒体作品创作、视频创意与制作、网页设计等与新媒体产品设计相适应的业务动手能力，能够胜任新媒体产品设计方面的工作。

（3）具备文献查阅能力，能够了解国内外相关技术信息发展趋势。

（4）具备一定的外语阅读能力，能够阅读较简单的外国文献。

（5）具备良好的文字表达能力与沟通能力，能够准确表达和有效沟通。

（6）具备较强的人际交往能力，能够与相关专业人员进行良好的沟通与合作，善于倾听、了解业主和客户的需求。

3.素养目标

（1）培养较好的思想品德素质，树立正确的人生观价值观，具有良好的社会公德和职业道德。

（2）培养较强的身心素质，能够吃苦耐劳，工作适应能力较强。

（3）培养一定的创新意识、创业精神。

（4）培养一定的自主学习能力。

（5）培养正确的劳动观点和态度，热爱劳动和劳动人民，具有良好的劳动习惯。

（6）培养一定的信息素养，初步具有认识美、体验美、感受美和欣赏美的能力。

劳动知识

一、解决专业领域实践问题的技术

（一）摄影技术

摄影是指使用某种专门设备进行影像记录的过程，一般使用机械照相机或者数码照相机进行摄影。有时摄影也会被称为照相，也就是通过物体所发射或反射的光线使感光介质曝光的过程。

1.光圈与快门

光圈就是用来调节通光量的,光圈的数值越小,通光量越多;相反,光圈数值越大,通光量越小。光圈的主要作用是用来调节曝光量的,通过调节使通过的光量达到标准。如果在光线相等的条件下成像暗,说明光圈的通光小了,此时开大光圈,加大通光量;如果图像过亮,说明曝光过量,需要缩小光圈使之达到曝光标准。只有曝光标准的图像才能拍出最佳的照片。

2.变焦与聚焦

变焦,首先需要明确长焦(T)和短焦(W)。长焦(T),拍摄远处物体时使用;短焦(W),拍摄近处物体时使用。调整相机从长焦到短焦,或者从短焦到长焦的过程就是变焦,变焦就是调整焦距的过程。拍摄物体时,首先要调整相机的焦距,来拉近物体或者远离物体,此时调整好的焦距成像并不是最清晰的,只是一个大致的焦距位置,需要进行聚焦调整,才能使成像清晰。变焦调整的是相机镜筒的前组和中组,我们能看到的是镜筒的伸出和回缩。

聚焦(对焦),在调整好相机的焦距后,半按下数码相机的拍摄按钮,相机的显示屏上会出现对焦方框,此时如果耳朵靠近相机镜筒,会听到聚焦电机动作的声音,对焦成功时,显示绿色,这时拍摄的图片清晰;如果显示红色,表示没有对焦成功,拍摄的照片是模糊的。聚焦调整的是相机的后组,这组镜片在相机镜筒的内部,在外面是看不到的。

3.白平衡设置

白平衡指的是照片的色彩设定,如果白平衡设置不匹配,拍出来的图像会发生偏色,就是通常所说的颜色不正。色温分日光、白炽灯、荧光灯、闪光灯等,在室内一般用的都是闪光灯。白平衡有自动白平衡设定与自定义设定,拍摄大场面多色彩时自动白平衡比较准,一般都用自定义白平衡。

4.存储卡设定

数码相机成像的大小是采用像素设定来决定的,数码相机一般用大、中、小或者高、中、低来表示。同一张存储卡,像素越大,拍的张数越少;拍的张数越多,像素就越少;相对应的就是像素大照片的放大倍率就越大,相反就越小。

5.闪光灯同步设定

专业的数码相机都具备闪光同步功能,在影视灯下拍照一定要选择闪光同步挡,否则无法得到满意的曝光量,同步设置要根据相机的说明来设置。

(二)HTML5网页动画技术

1.H5动画制作风格

(1)关键帧动画。可以实现常见的动画效果,比如位移、大小、旋转、透明度改变等。

(2)变形动画。可以实现形状的改变和颜色过渡的动画效果。

(3)进度动画。可以实现进度走势效果,图表走势图和打字机效果用进度动画来做比较理想。

(4)逐帧动画。在时间轴的每帧上逐帧绘制不同的内容,使其连续播放而成动画。其优点在于:逐帧动画具有非常大的灵活性,几乎可以表现任何想表现的内容,而它类似于电影的播放模式,适合于表演细腻的动画。其缺点在于:因为每一帧都是不同的图片,会增加制作负担并且最终输出的文件也很大,在移动互联网上不利于传播。鉴于以上优缺点,在动画制作过程中可以少量地添加逐帧动画来表现一些细节。

2.H5动画制作方法

(1)手绘绘画。手绘能力较好的设计师可以将每一帧的画面自己画出来,当然这样工作量会比较大。

(2)视频获取。如果看中某个视频里某段动画效果,想用到项目当中来,可以通过AE(After Effects)将视频转换成序列帧图片,将视频文件导入AE中,找到合成菜单,添加到渲染队列,在面板里将格式改为"JPG"序列或者"PNG"序列——渲染出来即是一张张内容不同的静态图片。如果图片太大的话,可以通过图片压缩工具来对图片大小做进一步优化。

(3)GIF获取。如果看中的是GIF动画里面的素材,同样也可以将图片获取,需要先下载一个看图软件"2345看图王"或者"7GIF",可以将GIF图里的每一帧图片保存出来。

(4)GIF动画。GIF动画的制作方法有很多种,可以通过Photoshop软件来制作,也可以在AE中制作好视频再导入Photoshop软件中转成GIF动画形式。

(5)GIF图片。擅长制作细节的小动画、位图,优势在于"体型"小,制作成本低,GIF动画常在H5动效果用作loading效果、热门小标签等,所以,小的动画可以用GIF来展现。

(6)H5视频。在H5页面中,很多效果其实是视频,如果不带交互效果,用视频全屏的方式来播放动画也是非常不错的选择。

(三)后期剪辑技术

1.线性编辑与非线性编辑

线性编辑指在指定设备上编辑视频时,每插入或删除一段视频就需要将该点以后的所有视频重新移动一次的编辑方法。该方法编辑视频耗费时间长,非常容易出现误操作。非线性编辑,用户可以在任何时刻随机访问所有素材,Premiere Pro CS3就属于一种非常优秀的非线性视频编辑软件。

2.帧和帧速率

当一些内容差别很小的静态画面以一定的速率在显示器上播放时,根据人的视觉暂留现象,人的眼睛会认为这些图像是连续地、不间断地运动着的。构成这种运动效果的每一幅静态画面叫作"帧"。帧是组成视频或动画的单个图像,是构成动画的最小单位。帧/秒:也称帧速率,是指每秒被捕获的帧数,或每秒播放的视频或动画序列的帧数。帧速率的大小决定了视频播放的平滑程度。帧速率越高,动画效果越平滑。

3.镜头构图

镜头构图是考虑切入或切出镜头时的一个重要因素。剪辑师可以通过正确的镜头构图让画面更生动活泼,给用户一种身临其境之感。例如,剪辑师可以在视频里设置一些运动的物体作为线索,抓住观众的视线追踪,保持一定的趣味性。

4.拍摄视角

对"恰到好处"地剪辑在一起的两个镜头来说,可避免"同景别切换"。换句话说,如果剪辑师将摄影角度相同的两个镜头放在一起剪辑,会导致剪辑点出现跳跃的感觉,这一行为会干扰观众的观看体验,甚至会出现极短时间的思维中断。

5.画面连贯

使转场保持平稳流畅天衣无缝的连贯,是避免观众注意到剪辑的重要法宝。在剪辑中,一般要处理四种形式的连贯,包括内容连贯、动作连贯、位置连贯、声音连贯。

6.画面声音配比

声音除起到动机之源的作用外,还不失为电影说明或传达信息的一种好方式。短视频得以呈现给用户、传递信息给用户的工具就是视听语言。

二、解决专业领域实践问题的工具

1.Adobe Photoshop 软件

Photoshop 软件是一款广泛使用的图像处理软件,是平面设计领域最常用的工具之一。

(1)广告摄影。用最简洁的图像和文字给人以最强烈的视觉冲击,其最终作品要经过 Photoshop 软件的艺术处理才能达到满意的效果。

(2)影像创意。Photoshop 软件的艺术处理可以将原本不相干的图像组合在一起,也可以发挥想象自行设计富有新意的作品,利用色彩效果等在视觉上表现全新的创意。

(3)艺术文字。普通的艺术文字经过 Photoshop 软件的艺术处理,就会变得精美绝伦。利用 Photoshop 软件可以使文字发生各种各样的变化,并利用这些艺术化处理后的文字也可以为图像增加效果。

(4)网页制作。Photoshop 软件是一个图形图像处理软件,而且是可视化的操作,可以让设计师更方便地进行操作。

(5)建筑效果图后期修饰。在制作建筑效果图包括许多三维场景时,人物配景包括场景的颜色常常需要在 Photoshop 软件中增加并调整。

(6)绘画。Photoshop 软件绘制插画过程中,可以通过很多方法和技巧来实现各种特殊效果,通过使用不同的滤镜以及不同的画笔笔刷等,可以绘制出形式多样、风格独特的插画作品。

(7)婚纱照片设计。Photoshop 软件在婚纱影楼主要用于后期图片的细节处理和改动。Photoshop 软件用于改动细节,如头发、肤色、鞋子,用于改善照片效果弥补一些身材外貌上的不足,如美白、调节光线、降噪,使照片更为完美。

(8)影视后期。影视后期特效所包括的后期影像合成、影像转换、动作变形、色彩分离、色彩校正、特殊造型、形象创造、多层叠加、字体效果、虚拟环境创设、技术合成以及计算机生成素材和胶片拍摄素材集成等都需要 Photoshop 软件来完成。

2.Adobe Illustrator 软件

Adobe Illustrator软件是一款专业图形设计工具,提供丰富的像素描绘功能以及顺畅、灵活的矢量图编辑功能,能够快速创建设计工作流程。借Expression Design,可以为屏幕、网页或打印产品创建复杂的设计和图形元素。

Adobe Illustrator软件最大特征在于贝赛尔曲线的使用,使得操作简单、功能强大的矢量绘图成为可能。它还集成文字处理、上色等功能,不仅在插图制作,在印刷制品(如广告传单,小册子)设计制作方面也被广泛使用。

3.Cinema 4D软件

Cinema 4D 的字面意思是 4D 电影,不过其本身就是 3D 的表现软件,由德国 MAXON Computer 公司开发,以极高的运算速度和强大的渲染插件著称,很多模块的功能在同类软件中代表科技进步的成果,并且在用其描绘的各类电影中表现突出。

劳动材料

(1)计算机。

(2)带摄像功能的电子产品。

(3)智能手机。

(4)Internet网络。

安全保障

1.项目安全

(1)学院实验室的相关仪器设备妥善保管、按规使用。

(2)电器用完后应关掉开关并拔下插头,防止电器因长时间通电而损坏。

2.其他注意事项

(1)保持相关设备的网络畅通。

(2)注意搜寻文稿的资料及时保存。

(3)保护学校的相关摄影摄像设备,维护公共财产安全。

劳动任务

从下列任务中任选一项,进行专业劳动实践。

任务一:校园劳动视频拍摄项目

任务要求:在校园里拍摄一段和劳动相关的视频,例如,打扫教室勤工俭学的同学、打扫校园辛勤付出的保洁员、自主创意编写脚本的摄影。

(1)确定团队人员,分工明确,如导演、摄影、制片(场工)、后期、演员等,团队5人左右。

(2)撰写文字脚本,分镜头脚本等。

(3)完善拍摄方案,实施拍摄计划。

(4)呈现拍摄成果,并现场答辩。

任务二:新媒体直播运营项目

任务要求:选择直播场地,确定直播内容(须符合劳动主题),准备并搭建直播设备,要求内容积极向上,符合相关网络直播法律法规。

(1)确定团队人员,分工明确,如导演、摄影、场工、主播等,团队5人左右。

(2)确定直播内容(要求内容合法合规,不得出现低俗悲观等极端主题),例如,直播带货、宣传正能量等(须符合项目主题)。

(3)严禁跨越网络底线,须在专业指导老师带领下进行项目过程。

(4)对直播成果进行总结,并现场答辩。

任务三:Cinema 4D建模项目

任务要求:选择和劳动主题相关的建模内容,利用Cinema 4D软件进行立体建模,实现效果。

(1)个人自主确定建立主题及项目方向(须符合项目主题)。

(2)对建模内容进行平面绘画,可用PS或AI软件进行制作,或者以手绘的方式进行构图。

(3)利用软件对选择平面图形进行立体搭建。

(4)在项目进行过程中应与项目指导老师进行沟通交流。

(5)展示平面设计及立体建模结果,并现场答辩。

任务四:制作H5动画宣传项目

任务要求:利用H5动画制作技术,制作宣传劳动教育或是五一劳动节精神相关主题公益广告动画。

(1)个人自主确定主题及项目方向(须符合项目主题)。

(2)先撰写动画制作方案,确定方案。

(3)利用H5技术制作符合当前新时代大学生视觉的动画类视频。

(4)展示视频完成效果,讲解视频含义,并现场答辩。

劳动实施

(1)专业实践劳动项目主题确立。

(2)方案实施总体设计。

(3)项目方案策划设计。

(4)方案实施计划设计。

(5)项目实施总体部署及进行。

(6)项目总结及视频制作调试。

(7)项目总结并汇报。

劳动留影

项目准备工作、项目过程、作品成品的照片。

劳动总结

请结合本次劳动实践中的切身体会,总结所识所获、所成所得、所感所悟,并对此次劳动实践的总体表现进行自评,同时邀请本次劳动的指导人员、协助人员或见证人员进行评价。

姓　名		学　院	
班　级		学　号	
总　结	知识增长: 能力提升: 感悟升华:		
自　评	优点: 缺点:		
他　评	评语: 改进建议:		

劳动项目三　市场营销专业生产劳动

　　市场营销专业服务区域经济与社会发展,要求学生掌握必备的数学、管理学、经济学、市场营销学等基础理论知识,以及市场调查、营销策划、销售管理、品牌管理、数字营销等专业知识和技能;具有较强的营销能力、策划能力、沟通协调、项目管理等实践能力和创新意识;具备基本的职业道德、职业素养与社会责任感,以及一定的人文素养和学习能力,能够在企事业单位、行政部门等机构从事市场调查类、营销策划类、数字营销类、营销管理类等岗位工作。

劳动目标

1.知识目标

　　(1)通用性知识。学习了解哲学、社会学、心理学、法学、科学技术、语言文学、健康艺术、职业发展等方面的自然学科和人文社会科学学科通用性知识。

　　(2)基础性知识。熟练掌握管理学、经济学、统计学、会计学等基础学科的理论与方法;熟悉有关法律、法规和方针、政策。

　　(3)专业性知识。系统掌握市场营销专业领域必需的理论和技术基础知识,主要包括战略管理、市场营销、电子商务、消费行为、公共关系等;具有市场调查、广告策划、营销策划、销售管理、市场开发、客户服务、网络营销、品牌管理、物流管理、新媒体运营、数字营销等方面的专业知识;了解市场营销专业的学科前沿和发展趋势。

2.能力目标

　　(1)知识获取能力。能够运用科学的方法,通过课堂、文献、网络、实习实践等渠道获取知识;善于学习和吸收他人知识,以构建自己的知识体系。

　　(2)知识应用能力。能够应用管理理论和方法,分析并解决市场营销专业领域实际工作中的市场调研、营销策划、市场开发、销售管理、零售管理、客户服务、品牌管理、网络营销、新媒体运营等管理问题,以及具备基础的企业经营管理能力。能够熟练运用Office办公软件、计算机技术进行相关工作。

（3）创新创业能力。具有较强的组织沟通能力与探索性、批判性思维能力，具备一定的创新及创业工作能力。

3.素养目标

（1）思想道德素质。学习掌握马克思列宁主义、毛泽东思想、邓小平理论、"三个代表"重要思想、科学发展观、习近平新时代中国特色社会主义思想，树立辩证唯物主义和历史唯物主义世界观；拥护党的领导和社会主义制度，具有较强的形势分析和判断能力；具有良好的道德修养和社会责任感、积极向上的人生理想、符合社会进步要求的价值观念和爱国主义的崇高情感。

（2）专业素质。诚实守信，爱岗敬业，认真负责，能够在营销活动中理解并遵守与工作相关的职业道德和规范；具有团队协作意识，清楚团队中个人及负责人的角色和定位；具有自主学习和终身学习的意识，具有适应发展的良好心态。

（3）文化素质。具有一定的审美情趣、文化品位、人文素养；具有时代精神和较强的人际交往能力；积极乐观地生活，充满责任感地工作。

（4）身心素质。具有健康的体魄和良好的心理素质，具备抗挫折能力；具有开放、包容、积极的心态；具有吃苦、坚持不懈的韧性；具有热情、主动、创新和进取的精神；具备稳定、向上、坚强、恒久的情感力、意志力和人格魅力。

劳动知识

一、市场调查

市场调查是市场营销专业学生必须掌握的基本技能，也是学习策划、广告设计、渠道管理等专业课程的基础。学生需具备理论联系实际的设计思想，掌握综合运用统计学和市场调查课程理论知识的能力，并结合市场实际展开市场调查方案设计、问卷设计，完成市场调查相关的分析报告。

1.市场调查方案设计

市场调查方案应明确调研背景、调研目的，确定调研内容、调研时间地点、调研对象、抽样方式、样本量，确定调研方式和方法，确定问卷数量与投放方式，确定资料整理与分析的方法,制订调研的时间计划以及经费预算等。

2.调查问卷设计

调查问卷内容要能够反映调查目的和调查内容,要素完整、题型丰富、题量适中,封闭性问题、开放性问题与量表式问题结合。问卷问题可围绕消费需求相关知识点设计,如产品价格、产品质量、产品功能、产品服务、产品品牌、产品创新等。

3.展开市场调查

运用市场调查问卷展开实际调查,同时借助文案调查法、访谈法等收集所需的市场调查资料;运用 Excel 或 SPSS 统计分析软件对收集到的市场调查资料进行整理、分类和分析处理,包括基本的描述统计分析、适当的信度效度分析、相关回归分析(结合研究需要而定)等。

4.撰写调查分析报告

在数据分析的基础上,绘制相关的图表,按照调查报告的基本格式撰写符合规范的市场调查分析报告。市场调查分析报告要求结构合理、要素完整、布局均衡;报告内容翔实、分析过程有理有据、结论精练得当,有实际参考价值。

二、营销策划

营销策划是根据企业的营销目标,设计和规划企业产品、服务、创意、价格、渠道、促销,从而实现个人和组织的交换过程的行为。学生应掌握营销策划的理论依据、思维路径和基本方法,并能结合具体行业及企业实际项目,学会运用营销调研策划、营销战略策划、营销战术策划等理论知识,解决实际企业营销战略策划及战术策略的组织与执行问题的能力。

1.营销调研方案设计

根据具体品牌及企业项目,设计一份具有可操作性的营销调研方案。该方案应明确调研背景、调研目的,确定调研内容、调研时间地点、调研对象、抽样方式、样本量,确定调研方式和方法,确定问卷发放数量(不少于100份)与投放方式。根据调研结果,并结合项目自身情况,能运用分析工具对政治、经济、社会文化、技术环境进行宏观环境分析,分析项目内部优势及劣势、面临的机会与威胁。形成营销环境调研分析报告,为具体品牌或企业确定营销策划目标及营销战略制定提供依据。

2.营销战略设计

根据地理、人口、心理、行为等细分标准进行市场细分,完成目标市场及目标市场营销战略选择。明确市场定位符合目标人群特性,市场定位策划内容符合项目实际,定位方法运用合理。形成营销战略策划部分设计方案,是具体品牌或企业制定有效营销组合策略的基础和前提。

3.营销战术设计

从产品策划、定价方法及策略、渠道设计及模式选择、促销内容及实施等方面进行综合设计与分析。形成营销策略部分设计方案,为具体品牌或企业完成的营销策划方案执行与实施提供可行性支撑。

三、数字营销——以消费品为例

数字营销是基于明确的数据库对象,通过数字化多媒体渠道,比如电话、短信、邮件、电子传真、网络平台等数字化媒体通道,实现营销精准化,营销效果可量化,数据化的一种高层次营销活动。

市场营销专业的学生应具备理论联系实际的设计思想,掌握营销数据分析、营销创意策略、营销媒介策略的相关知识,并能结合实际课题,运用数据分析相关方法与工具、营销创意方法与策略、社会化媒体营销方法等理论知识,分析解决品牌数字营销中消费者画像、营销创意落地及媒介投放等问题的能力。

1.营销数据分析报告

结合消费品行业的营销特点,运用市场调研的方式、方法和步骤,进行网络问卷投放、拦截访问、现场观察等直接调研活动,能够及时分析数据,整理信息,并结合次级调查研究结果,形成消费类产品需求的营销数据分析报告。

主要内容包括:消费品行业及市场分析(PEST分析工具)、企业/品牌自身情况分析、消费者画像分析,形成数据分析报告,为品牌或企业确定数字营销策略提供依据。

2.营销创意报告

运用营销创意的策略与方法,开展消费品类营销创意设计,主要根据数据分析结果,选择合理的创意表现形式及创意主题,形成具有可行性和表现力的营销创意报告。

主要内容包括:创意主题及策略设计(数字传播的主要策略,包括但不限于USP、品牌形象、FCB等)、创意内容制作(H5广告、开屏广告、短视频广告等)、创意活动策划(直播活动、电商平台等互动类活动)。

3.媒介设计方案

运用微信、微博、抖音等社会化媒体工具的营销方法和技巧,选择直播营销、微电影营销、短视频营销等具体营销方式,根据前期营销数据分析及营销创意表现形式,制订媒介设计方案,包括媒介投放策略及依据。

主要内容包括:创意内容的投放方案,进行媒介选择及媒介组合,制作投放安排和排期表,并提供数字化依据。

四、营销管理——以地产公司为例

营销管理是指企业为实现经营目标,对建立、发展、完善与目标顾客的交换关系的营销方案进行的分析、设计、实施与控制。营销管理是企业规划和实施营销理念、制定市场营销组合,为满足目标顾客需求和企业利益而创造交换机会的动态的、系统的管理过程。

市场营销专业的学生要能够理论联系实际,掌握市场调查、营销策划、销售管理的相关知识,并学会运用市场调查抽样技术、市场调研资料分类整理、品牌定位策划、销售管理计划、渠道冲突管理等理论知识,解决企业营销管理中科学开展市场调研、合理进行营销策划、有效开拓市场等问题的能力。

(1)结合大宗商品消费市场需求特点,运用市场调研的方式、方法和步骤,开展抽样技术和方法,进行入户访问、拦截访问、售楼处现场观察等直接调研活动,能够根据调查目的和问题进行资料的分类整理,设计并完成商品房产品需求的市场调研报告。

(2)运用市场定位的流程与模式、策略与方法,帮助地产公司开展市场定位分析,并分析市场环境,制订产品形象策划、品牌策划、广告策划、价格策划、促销策划的方案。

(3)运用渠道开拓的常规流程,渠道开拓的六大原则,推销洽谈的方法与技巧,销售管理计划实施方法和步骤,销售业绩评估的常规方法,帮助地产公司制订销售管理方案。

劳动材料

(1)计算机。

(2)Excel软件。

(3)SPSS软件。

(4)Internet网络。

安全保障

1.用电安全

(1)湿手不得接触插头、插线板、计算机等电器装置,以防触电。

(2)电器用完后应及时关机,防止因长时间通电而受损。

2.其他注意事项

(1)保持网络的畅通。

(2)注意数据的及时保存。

安全任务

学生可自行组队,选择有实际应用价值、符合课程培养目标且工作量适中的选题展开市场调查,并撰写调查分析报告。

劳动实施

(1)组队。

(2)在教师的指导下选题。

(3)小组商讨、设计市场调查方案。

(4)设计调查问卷。

(5)开展市场调查。

(6)运用Excel或SPSS统计分析软件对收集到的市场调查资料进行整理、分类和分析处理。

(7)撰写调查分析报告。

劳动留影

市场调查准备工作、市场调查过程的照片。

劳动总结

请结合本次劳动实践中的切身体会,总结所识所获、所成所得、所感所悟,并对此次劳动实践的总体表现进行自评,同时邀请本次劳动的指导人员、协助人员或见证人员进行评价。

姓　名		学　院	
班　级		学　号	
总　结	知识增长： 能力提升： 感悟升华：		
自　评	优点： 缺点：		
他　评	评语： 改进建议：		

延伸阅读

剑川彩绘木雕匠人——杨元松

剑川木雕已有一千多年的历史,具有浓郁的地方民族特色。剑川木雕是木雕工艺手法的一种,工艺品多以浮雕为主,木雕技艺精湛,木雕工艺品精美。在云南,但凡见到工艺精美的木雕作品,首先想到的是"这手艺一定出自剑川师傅"。

杨元松,剑川县羊岑乡兴文村人,十多岁就开始跟着剑川木雕师傅学习剑川传统的木雕技艺。2000年,学艺有成的杨元松也像先辈剑川木雕师傅那样,背着木雕工具离开家乡来到丽江,开了一间自己的木雕店,前店后厂几年下来在丽江也小有名气。杨元松的作品以剑川传统木雕文化底蕴为基础,创造性地融入了纳西族东巴文化,还兼带着彝族民族色彩。一向勇于创新的他,用颜色和重彩来表达木雕的技艺和意境,突出画面的兴趣点,拓展了剑川木雕的艺术领域与范围,作品凸显出更加浓郁的民族色彩。这些融合了多民族文化特色的彩绘木雕,受到了广大游客的喜爱,成为丽江当地的有名的旅游产品。他在丽江的生意蒸蒸日上,订单不断。

杨元松回到家乡,看到乡亲们还是守着自己的一亩三分地,也没有其他增加收入的方法,生活也很贫困。随即他萌生了把丽江的订单带回羊岑,让乡亲们在农闲的时候可以做做木雕,增加自己的收入的想法。"现在的年轻人都外出务工,寻求发展机遇,总要有人回来带着家乡人一起致富。彩绘木雕的发展空间大,如果能为家乡人提供一个通过学习技艺来增加收入的平台,把家乡更多的人带动起来共同致富那该多好。"2008年,杨元松毫不犹豫地放弃成熟的市场和资源,毅然回到羊岑,利用自己的特长,开办了新的木雕厂,从家庭作坊开始从头再来。

回乡十多年,杨元松通过开办免费木雕学习班,培训出120多名学员,其中20余人是残疾人,50多人是建档立卡户,提供就业岗位90多个。邻近地区的一些残疾人听说杨元松的木雕厂可以免费学习木雕,还包吃住,来的人也越来越多。为了使这些残疾人学到一门手艺,让他们能够通过自己的双手自食其力,杨元松对他们进行了重点培训。为了能和他们进行良好沟通,他还自学手语,创造了一套跟他们沟通的独有方式。

通过培训的残疾人愿意留在厂里的,杨元松跟他们签订了劳动合同,每人的月收入都超过了3000元。在这里他们有固定的岗位和稳定的收入。

在杨元松的厂里,摆放着各种成品与半成品,问到他赚了多少钱,他笑了,他说这些年投入太大,不仅花去了老本,还借了很多银行贷款。

"困难是暂时的,作为一名党员,也是一名匠人,我要用党性和匠心带领、带动周围更多的贫困群众就业脱贫。现在看到他们的生活一天比一天好,我很满足,觉得自己所做的一切都值了。"

这就是剑川县羊岑乡的彩绘木雕匠人——杨元松。

2017年9月,杨元松被聘为"剑川乡贤"。12月被剑川县人民政府评为"剑川白族高级传统工匠"。

2018年在第十二届昆明国际民族民间工艺品博览会中,杨元松的作品《夏荷》被云南省工艺美术协会评为云南省工艺美术第十二届"工美杯"铜奖。

2020年,杨元松获得了彩绘木雕的专利证书。

第七章　服务性劳动实践

服务性劳动能够给予他人服务和帮助,是人类社会中一种高尚的利他行为。参加服务性劳动能够激发大学生服务他人和社会的热情和劳动情怀,培养关爱他人、热爱集体、敢于担当、乐于奉献的良好品质。

按照不同的服务空间,大学生服务性劳动可以分为校内公共空间的服务性劳动和校外服务社会的服务性劳动。

校内公共空间是大学生学习和生活的主要活动场所,干净整洁的校园环境能够营造良好的学习和生活氛围。作为学校的一份子,我们要积极参与校园净化和绿化工作,牢固树立"校园是我家,净化绿化靠大家"的校园主人翁意识,共建整洁、美丽校园。

我们终究都会离开校园,成为社会大家庭的一员,因此我们需要积极深入社会,了解社会,并把自己所学所知用在真正有最需要的地方,包括关注弱势群体、开展敬老助残服务、助力乡村振兴等,以实际行动在社会服务中展现青年担当,贡献青春力量。

劳动项目一　校园净化

作为专门的育人场所,校园环境是一种重要的育人资源,是学校发挥环境育人的重要载体。学校环境对学生的影响无时不在、无处不在,这种影响通常是润物无声式的。长期的环境熏陶会潜移默化地促进学生行为规范和良好习惯的养成、正确态度与观念的形成、积极情绪情感的形成等。

美丽的前提是洁净,而洁净的背后是文明的行为习惯。建设美丽校园的第一步就是要净化校园,而真正做到并长期保持"净化",归根结底是要规范人的行为,杜绝不文明现象,最终实现校园的物理环境洁净和人文环境洁净。

劳动目标

(1)了解校园净化方面的知识。

(2)能够积极参与并顺利完成校园净化活动。

(3)养成自觉保护校园环境的良好习惯。

劳动知识

一、校园净化的意义

校园环境卫生不是一件小事,干净整洁的校园是师生身体健康、生命安全的重要保障,有利于师生学习和工作;优美宁静的校园可以净化人的心灵,凸显人文追求的校园环境能提升学生的审美品位,激发学生的学习热情,从而达到环境育人的目的。

二、校园环境常见问题

1.乱扔乱丢

有的同学乱丢瓜皮、果壳、纸屑、食品包装物、饮料瓶(或袋、罐、杯),甚至把塑料饭盒、食品包装物放在绿化带上。有的同学无视近在咫尺的垃圾桶,这种不文明现象令人深恶痛绝。一阵风吹来,各种垃圾满天飞舞,会令人心情不畅。假如人人都这样,我们的校园将不再美丽,我们的心灵也不再美丽。

2.随地吐痰

随地吐痰是一种不文明行为,有些同学不管是什么地方,痰来张口就吐,更有甚者,故意从楼上向楼下吐,都是很不文明的。姑且不说随地吐痰给人带来的不良情绪,它更大的害处是容易传播疾病,不仅损害他人的健康,也损害自己的健康。

3.乱贴乱画

楼道内、卫生间、教室内的桌椅,甚至寝室门缝……这些本该供学生生活学习的"一方净土",如今随处可见小广告。很多小广告在贴上不久后,又被新的小广告覆盖。周而复始,小广告的数量越来越多,清洁难度也在不断加大。原本干净整洁的墙面变得"伤痕累累",满是小广告留下的"残骸"。还有学生反映,回寝室时发现门外的门把上、门缝里常常不知道什么时候被塞了几张"新店优惠""打折促销""辅导补习"等形形色色的广告宣传单。校园是同学们生活学习的家园,在校生要自觉自愿做文明行为的倡导者,拒绝参与张贴小广告。

三、校园净化人人有责

(1)做改善环境的志愿者,从我做起,积极参与到清理小广告的行动中去;做保护校园的正义者,对违规张贴小广告的行为应及时制止,对不听劝诫的人,及时向保卫处报告。

(2)要提高自身辨别是非的能力,不要轻易相信广告信息,以免给自己造成损失和伤害。

(3)学校要根据具体情况制定相应的管理制度,并要求相关部门配合。后勤部门要负责组织对校园小广告进行清理,对寝室、教学楼、食堂等场所的保洁人员作出相关要求,除常规清洁工作外,还应定期对其所负责区域内的小广告进行清除。

(4)学校保卫处在日常巡查、维护校园安全秩序时,要加大对校园内乱贴小广告行为的巡查和惩戒力度,一旦发现恶意张贴小广告现象,应及时对张贴人员进行批评教育,情节严重者可实行一定的罚款或其他惩罚措施。

四、保护校园环境的倡议

(1)从我做起,从现在做起,养成良好的卫生习惯。

(2)爱护校园公共设施,不乱涂乱画,不踩踏草坪,不乱折树枝。

(3)提倡"弯腰精神",见到垃圾随手捡起,扔进桶里不怕烦。

(4)自觉与不文明行为说再见,成为环保卫士。

(5)不随地吐痰,不乱扔垃圾,不制造噪声。

五、校园净化文明标语

(1)创建绿色校园,从你我做起。

(2)美化校园,净化心灵。

(3)建设绿色校园,增强环保意识。

(4)绿色校园,绿色生活。

(5)要想校园净又美,健康文明记心里。

劳动材料

手套、铲刀、盆、抹布、垃圾袋等。

安全保障

(1)防冲突。在进行校园文明监督时,要注意言语劝导,防止发生口角冲突,进而上升到人身攻击。

(2)防蛇虫。在清理公共区域的枯枝、杂草时注意蛇虫鼠蚁,防止受伤。

(3)防意外伤害。在清理公共区域乱贴乱涂物品时注意剪子、铲子等锋利、尖锐的工具,应注意正确的使用方法,防止有人受到意外伤害。

劳动任务

每位同学为美丽校园建设献出一份力,争做校园卫士,将净化的地方、过程、成果拍照、记录并形成感想。

劳动实施

(1)调查学校课间、午休、放学等时间哪里的垃圾最多,并拍照记录。

(2)拟订、发布校园净化的倡议书,成立校园净化执勤小组。

(3)引导学生在校园内看到垃圾及时弯腰捡起,并按照垃圾分类的要求放入指定垃圾桶。

(4)清除校园小广告和墙上的涂鸦,让校园环境更加干净整洁。

(5)清理公共区域枯枝、杂草、纸屑、塑料袋、石块等杂物。

(6)制作手抄报、黑板报、海报,成立校园净化宣传小组。

(7)发放调查问卷,对校园净化的成果进行评价。

劳动留影

校园净化前准备工作、净化中、净化后的照片。

劳动总结

　　请结合本次劳动实践中的切身体会,总结所识所获、所成所得、所感所悟,并对此次劳动实践的总体表现进行自评,同时邀请本次劳动的指导人员、协助人员或见证人员进行评价。

姓　名		学　院	
班　级		学　号	
总　结	知识增长： 能力提升： 感悟升华：		
自　评	优点： 缺点：		
他　评	评语： 改进建议：		

劳动项目二　校园绿化

　　校园绿化,是美丽校园建设中必不可少的重要内容。绿化不仅具有美化校园、净化空气、调节气温、减少噪声、促进身体健康等多方面的功能,而且为广大师生员工创造了一个清静幽雅、舒适安逸的学习、工作、生活环境。良好的绿化环境可供师生游览和休憩,并给他们以良好的心理影响和美的享受,有利于陶冶师生的高尚情操。良好的绿化环境能让师生尽情享受大自然,从而激发师生员工热爱自然、热爱学校、热爱生活、奋发向上的思想情感,这就是校园绿化美化的精神因素的作用,是潜移默化、润物无声,即现在人们常说的"环境育人"。

劳动目标

　　(1)认识校园绿化建设的意义。
　　(2)了解绿植的种植、养护和管理的基本知识。
　　(3)强化环保意识和劳动精神,增强对美好生活的热爱。

劳动知识

一、校园绿化的意义

　　学校作为育人的场所,更应是美化绿化的前沿。绿意盎然、环境优美的校园,能使全体师生以舒畅的心情投入教育教学工作中。校园绿化美化可以陶冶广大师生的情操,净化广大师生的心灵,故应进一步加快校园环境美化绿化进度,巩固和发展校园绿化成果,努力为教育教学和广大师生的生活提供一个优美、舒适的环境。

二、树苗种植知识

树苗分为实生苗、嫁接苗、移植苗等种类，不同种类有不同的生长习性。树苗可以采用嫁接、插条苗、插根苗进行繁殖。种植树苗要注意及时浇水、排涝、施肥以及防治病虫害等。

1.树苗的培育

树苗的种类比较多，比如果树、灌木、乔木等，可以根据树苗的种类采用不同的培育方法。

2.树苗的繁殖

通常可以采用嫁接的方式进行培育。插条苗可以使用苗干或枝条插育成树苗，这种方式比较挑物种，比如葡萄就可以采用这种方式进行繁殖。插根苗就是用树木的根部来进行树苗培育，这种方法的存活率较高，广泛适用于植物界。

3.树苗的种植

（1）种植树苗的坑相互之间不可以离得太近，需要留给它们生长的区间，大约30厘米。树坑的大小可以根据树根来定，这样才适合树苗正常生长。在种植时，要避免损伤根部。

（2）种植好后，可以适当提一提树苗，让土可以更好地和根部紧密相连，然后可用脚踩压实，可按照"三埋、二踩、一提苗"的原则进行。

三、校园绿植养护流程

(一)浇水

根据不同季节、不同种类的植物及其生态习性与种植的土壤特性确定浇水的次数。

1.根据土壤质地决定浇水量

按照"干透浇透,稍干稍浇,湿润不浇"的原则,酌情浇水。

2.根据气候条件决定浇水量

(1)阴雨连绵的天气,空气湿度大,可减少浇水次数。

(2)夏季阳光猛烈、气温高、水分蒸发快,植物消耗的水分较多,应增加浇水的次数和浇水的量。

(3)入秋后,光照减弱,水分蒸发少,可减少浇水次数。

(4)半阴环境的植物可少浇水。

3.根据植物品种或生长期决定浇水量

(1)旱生植物需要水分少,深根性植物抗旱性强,可少浇水。

(2)阴生植物需要水分多,浅根性植物不耐旱。

(3)植物的生长期缓慢时,需要水分少,可少浇水。

(4)视天气情况浇水,以不出现缺水枯萎为原则。

(二)施肥

园林绿地栽植的树木、花草种类繁多,有观花、观果等植物之分,又有乔木、灌木之分,且各种植物对养分的需求量也各不相同,因此,应根据不同的种类采取不同的施肥方式。

(1)行道树、遮阴树,以观枝叶、观姿为主,可多施氮肥,促进其生长,使枝叶繁茂、叶色浓绿。

(2)观花、观果植物,花前施氮肥为主,以促进生长,为开花打好基础;花芽形成期间,施磷钾肥,以磷肥为主。

(3)植物生长期间,需要的养分较多,氮磷钾等肥料都需要,但应以施氮肥为主。树木生长后期应施磷钾肥,以促进枝条、组织木质化。

(4)每年冬末春初施一次本原长效专用肥。

(三)整形、修剪

整形、修剪是园林栽培过程中的一项重要养护措施。树木的形态、观赏效果、生长开花的感官效果,需要通过整形修剪来实现。修剪的目的是使植物通风透光,去除病枯植枝、枝干,保持造型,调节植物发育需求。修剪的方式主要根据树木分枝的习性、观赏功能以及自然条件等因素进行。

1.整形修剪的时间

(1)休眠期修剪。对落叶树种从开始落叶至春季发芽前进行的修剪,称为休眠期修剪或冬季修剪。该期间植物生长停滞,树体内养分大部分回归发根部;修剪后营养损失小,且伤口不易被细菌感染腐烂,对树木生长影响最小。

(2)生长期修剪。在生长期内进行修剪,称为生长期修剪或夏季修剪。常绿树种没有明显的休眠,如果采取冬季修剪,伤口不易愈合,且易受冻害,故一般在夏季修剪。

2.整形修剪的方式

(1)人工式修剪。按照园林设计要求,将树冠剪成各种特定的形态,如多层式、螺旋式、半圆式或倒圆式、悬垂式等,以达到美观的效果。

(2)自然式和人工混合式。在树冠自然生长的基础上加以人工塑造,如杯状、头状、丛生状等。

3.修剪频次

造型植物每月修剪1次,乔、灌木必要时才疏枝。

(四)除草、松土

除草是将养护绿地内非人工种植的草类清除,减少杂草与树争夺养分、水分,以利于树木生长;同时除草消除病虫害的潜伏处,以减少病虫害发生。

1.人工除草

(1)按区、片、块的划分依次作业,定人、定量、定时完成除草工作。

(2)应采用蹲姿作业,不允许坐地或弯腰寻杂草。

(3)应用小锄头将草连同草根一起拔除,不可只将杂草地上部分去除。

(4)拔出的杂草应集成堆及时清理,确保环境整洁。

2.松土

松土是对土壤表面松动,防止板结,使之疏松透气,达到保水、透气、增温的目的。

(1)草坪松土主要表现为打孔、培沙。

(2)乔、灌、地被、草花的松土,均以松动表面、不伤主根为要领。

3.除草、松土频次

乔、灌、地被每月除草1次,每年松土2次。

(五)防治病虫害

病虫害的防治应坚持"预防为主、综合防治、综合用药"的基本原则。预防为主,就是根据病虫害的发生规律,在病虫害发生前采取有效的预防措施;综合防治,是充分利用抑制病虫害的多种因素,创造不利于病虫害发生和危害的条件,有效地采取各种必要的防治措施。防治病虫害,一般以药剂防治为主。科学用药是提高防治效果的有效措施。

(1)对症下药。结合防治的对象、药剂性能和使用方法,对症下药、有效防治病虫害。

(2)适时施药。注意观察和掌握病虫害的规律,适时施药,以取得良好的防治效果。

(3)交替用药。长期使用单一药剂,容易引起病原或害虫的抗药性,从而降低防治的效果。因此,应采取各种类型药剂交替使用的办法。

(4)安全用药。严格掌握各种药剂的使用浓度,控制用药量,防止产生药害。

(5)施药频次。低矮植物每年喷一次广谱性杀虫剂及杀菌剂药,预防病虫害后要加以防治。

劳动材料

橡胶手套、垃圾袋、锄头、铲子、浇水壶、喷雾器、枝剪、花剪、平口剪、高枝剪、除草剂等。

安全保障

(1)防刺伤。在校园绿化区域中存在着一些尖锐的带刺植物、树枝、石子等,容易在处理杂草时被刺伤,要注意自身防护,利用工具进行处理,防止被刺伤。

(2)防摔。校园绿化区域土壤存在着一些坑洼,在维护绿化区域时要注意脚踩实地,防止踩空摔伤。

(3)防咬伤。校园绿化区域栖息着各种各样的小动物,例如蟾蜍、蛇等,为防止被咬伤,应在维护校园绿化时用木棍驱赶草丛较深的区域。

(4)防中毒。在使用除草剂等有毒物品处理杂草时,应佩戴口罩和专用手套,以防中毒。

(5)防意外伤害。维护校园绿化时注意锄头、剪子、铲子等锋利、尖锐的工具,使用时应时刻注意周围同学并正确使用,防止有人受到意外伤害。

劳动目标

在参与校园植树活动、绿植认养和草坪维护活动中,将绿化的过程及成果拍照、记录并形成感想。

劳动实施

(1)购买树苗。确定树苗品种,挑选生长健壮、根系发达、健康的树苗。

(2)处理树苗。保护树苗根部,将树苗运输到栽种位置,适当疏剪枝叶。

(3)进行挖坑。将栽种位置清理干净,将土壤整细翻耕,根据树苗的根系大小挖树坑,施肥后回填土壤。

(4)入坑栽种。将树苗扶正栽种到坑穴中,填充土壤,浇定根水。

(5)定期维护。定期对绿化区域的杂草进行清除,对树木进行修剪、修枝、施肥、浇水等工作。

(6)调查问卷。发放调查问卷,对校园绿化的成果进行评价。

劳动留影

校园绿化培训、劳动时、劳动后的照片。

劳动总结

请结合本次劳动实践中的切身体会,总结所识所获、所成所得、所感所悟,并对此次劳动实践的总体表现进行自评,同时邀请本次劳动的指导人员、协助人员或见证人员进行评价。

姓　名		学　院	
班　级		学　号	
总　结	知识增长: 能力提升: 感悟升华:		
自　评	优点: 缺点:		
他　评	评语: 改进建议:		

劳动项目三　教学助理

教学助理,顾名思义是指在高校实施教学环节过程中,协助教师进行教学管理、教学资料整理、教学督查等工作的学生"帮手"。教学助理岗位的设置,经过多年的发展,已经形成了有效的管理机制,在促进高校教育教学管理和服务工作开展的同时,学生通过担任教学助理拓宽了视野,丰富了阅历,实践能力也可以得到进一步提升。教学助理岗位有效充实了学生的课余生活,也为学生提供了更多锻炼成长的机会,成为拓展学生素质的新途径。

教学助理作为高校"学生助理"这一群体中的一员,要求学生具备较强的保密意识、服务意识以及沟通协调能力,掌握扎实的专业知识、行政知识及待人接物的基本常识,对学校的教学管理协调工作有浓厚兴趣,还应具备基本的职业道德、职业素养与社会责任感。

教学助理可分为两类,一类为教学管理部门(教务处)的学生助理,一类为教学单位的助教,工作职能有共通之处,又有些许差别,教务处助理主要偏行政工作,教学单位的助教主要偏教学服务工作。

劳动目标

(1)学习了解学校教育管理、教学运行的相关知识,明确教学管理部门工作流程,能够运用教育管理理论和方法,分析并解决教育教学工作中遇到的相关问题。

(2)熟练操作常用办公设备,熟练运用基本办公软件,掌握数据文档的汇总编撰、资料收发、整理等工作;清楚各二级教学单位的工作属性和特点,具有团队协作的意识和良好的人际沟通能力,能充分发挥个人主观能动性,协助老师完成各项教学、教务工作。

(3)提升组织协调与人际沟通能力,培养服务他人的奉献精神,具备积极乐观的生活态度,待人接物大方得体、谦和有礼。

劳动知识

一、教学助理应具备的职业素养

(1)严守教务处保密规定。教学助理除了要具有较强的办事能力外,更要做到严守机密。教学助理的工作很多时候会涉及学校机密文件和重要数据,在工作过程中要有保密意识。

(2)熟练操作办公设备。教学助理要尽快熟悉打印机、复印件、投影仪等常用办公设备,学会运用Word、Excel、Power Point等办公软件。

(3)文字处理能力。作为教学助理,要在指导老师的安排下,处理好相关公文文档,要具备相关公文文档撰写的能力。

(4)工作执行能力。教学助理对部门下达的工作指令要认真聆听,有较强的执行力,不能犹豫不决、决而不行。

(5)沟通协调能力。教学助理岗位涉及很多上传下达、沟通协调的工作,要求教学助理具备较强的沟通协调能力,日常要做到礼貌热情,服务周到。

(6)团队合作意识。教学助理应杜绝自以为是、我行我素,要充分团结同岗同学,协力做好教学教务工作。

(7)责任意识。教学助理在教师授课时,要充分关注教师授课状态以及学生学习情况,随机应变,随时做好为课堂服务的思想准备。

二、教学助理的工作内容

(1)协助教师对教学资源文件进行整理、归档。

(2)协助教学督查工作,含听课、巡课等。

(3)协助教师与二级单位教学口的对接和沟通。

(4)协助教师处理各种教学过程中发生的问题。

(5)协助教师修订教学课件。

(6)协助教师完成教学任务。

(7)协助教师管理课堂或课间纪律。

(8)协助教师提供咨询、解答服务工作。

(9)协助教师处理日常行政事务工作。

三、对于教学助理的培训及考核

教学助理在上岗前要进行岗前培训,内容包括基础教学教务常识、工作流程、保密意识、办公室礼仪等,指导教师介绍工作职责、办公软件及设备(打印机、投影仪等)的操作、劳动纪律以及部门工作要求等内容。岗位实践期结束,教学助理要对培训及实践体验做总结报告,教师根据助理的报告和现实表现综合评分,考虑是否继续留用。实践培训和结业考核是为教学助理建立起一种仪式感,也为日后学生的就业提供了实践经历证明。

四、撰写工作总结报告

在日常工作记录的基础上,对不同工作内容进行经验总结,找到工作亮点和不足之处。实践报告要求结构合理、要素完整、内容翔实,分析过程有理有据,结论精练得当,有实际参考价值。

劳动材料

(1)硬件设备:计算机、复印机、打印机等。

(2)软件设备:Word、Excel等软件,档案管理软件等。

(3)Internet网络。

(4)专属工作牌。

安全保障

1.用电安全

(1)湿手不得接触插头、插线板、计算机等电器装置，以防触电。

(2)电器用完后应及时关机，防止因长时间通电而受损。

2.其他注意事项

(1)保持手机通信、计算机网络畅通。

(2)重要数据须及时保存、备份。

劳动任务

学生可通过学校学生助理团队平台，对接教务管理部门，如二级学院学生助理管委会教学助理岗位、晨课助教岗位、大学生教学信息管理服务中心（主管部门：教务处），通过主动应聘、辅导员推荐等方式申请加入教学岗位，担任教学助理，并撰写总结报告。

劳动实施

(1)选择部门。

(2)提出个人申请。

(3)助理团队负责人或教师面试。

(4)确认录用。

(5)开展教学助理工作。

(6)撰写总结报告。

劳动留影

劳动准备工作、工作现场的照片。

劳动总结

请结合本次劳动实践中的切身体会，总结所识所获、所成所得、所感所悟，并对此次劳动实践的总体表现进行自评，同时邀请本次劳动的指导人员、协助人员或见证人员进行评价。

姓　名		学　院	
班　级		学　号	
总　结	知识增长： 能力提升： 感悟升华：		
自　评	优点： 缺点：		
他　评	评语： 改进建议：		

劳动项目四　助力乡村建设

随着国家乡村振兴战略部署的深入推进,大学生立足专业所长开展助力乡村建设,其意义重大。大学生作为社会主义建设者和接班人,利用"三下乡"、寒暑假返乡等渠道,积极参与到乡村建设中,发挥知识丰富、思维活跃、视野开阔的优势,从身边事着手,真抓实干,结合村情和工作实际,争当乡村建设的宣传员、参谋员、服务员、办事员,为助力"乡村建设",实现"生活富裕,环境优美,文明礼貌,幸福和谐",发挥能量、贡献自己的微薄之力。

劳动目标

(1)了解乡村振兴战略,掌握乡村建设的方法。

(2)提高专业技能,积极参与助力乡村建设工作。

(3)提升独立思考能力和创新能力。

(4)树立扎根基层志愿服务意识,强化劳动精神,增强对美好生活的热爱。

劳动知识

在习近平新时代中国特色社会主义思想的指引下,乡村建设进入新阶段,也为乡村振兴打下了坚实的基础。不少高校将利用寒暑假发挥科研与人才优势、服务乡村建设。

一、乡村建设六大内容

1.村庄规划

乡村建设规定了村庄建设、生态环境治理、产业发展、公共服务等方面的系统规划要求。

2.村庄建设

乡村建设规定了道路、桥梁、引水、供电、通信等生活设施和农业生产设施的建设要求。

3.生态环境

乡村建设规定了水、土、气等环境质量要求,对农业、工业、生活等污染防治,森林、植被、河道等生态保护,以及村容维护、环境绿化、厕所改造等环境整治进行指导。

4.经济发展

乡村建设规定了乡村的农业、工业、服务业三大产业的发展要求。

5.公共服务

乡村建设规定了医疗卫生、公共教育、文化体育、社会保障、劳动就业、公共安全、便民服务等方面的要求。

6.其他方面

乡村建设明确了乡风文明建设、基层组织建设、公众参与、保障与监督等内容。

二、乡村建设的意义

乡村建设实质是我国社会主义新农村建设的一个升级阶段,其核心在于解决乡村发展理念、乡村经济发展、乡村空间布局、乡村人居环境、乡村生态环境、乡村文化传承及实施路径等问题。因此,乡村建设是改变农村资源利用模式,推动农村产业发展的需要;是提高农民收入水平,改善农民居住、完善公共服务设施配套和基础设施建设等改善农村生活环境的需要;是保障农民权益,民主管理,民生和谐的需要;是保护和传承文化,改善农村精神文明建设的需要;是提高农民素质和新技能,促进自身发展的需要。

三、乡村建设的十大模式

1.产业发展型模式

主要在东部沿海等经济相对发达地区,其特点是产业优势和特色明显,农民专业合作社、龙头企业发展基础好,产业化水平高,初步形成"一村一品""一乡一业",实现了农业生产聚集、农业规模经营,农业产业链条不断延伸,产业带动效果明显。典型案例:江苏省张家港市南丰镇永联村。

2. 生态保护型模式

主要是在生态优美、环境污染少的地区,其特点是自然条件优越,水资源和森林资源丰富,具有传统的田园风光和乡村特色,生态环境优势明显,把生态环境优势变为经济优势的潜力大,适宜发展生态旅游。典型案例:浙江省安吉县山川乡高家堂村。

3. 城郊集约型模式

主要是在大中城市郊区,其特点是经济条件较好,公共设施和基础设施较为完善,交通便捷,农业集约化、规模化经营水平高,土地产出率高,农民收入水平相对较高,是大中城市重要的"菜篮子"基地。典型案例:上海市松江区泖港镇。

4. 社会综治型模式

主要在人数较多、规模较大、居住较集中的村镇,其特点是区位条件好,经济基础强,带动作用大,基础设施相对完善。典型案例:吉林省松原市扶余市弓棚子镇广发村。

5. 文化传承型模式

主要是在具有特殊人文景观,包括古村落、古建筑、古民居以及传统文化的地区,其特点是乡村文化资源丰富,具有优秀民俗文化以及非物质文化,文化展示和传承的潜力大。典型案例:河南省洛阳市孟津县平乐镇平乐村。

6. 渔业开发型模式

主要在沿海和水网地区的传统渔区,其特点是产业以渔业为主,通过发展渔业促进就业,增加渔民收入,繁荣农村经济,渔业在农业产业中占主导地位。典型案例:广东省广州市南沙区横沥镇冯马三村。

7. 草原牧场型模式

主要在我国牧区半牧区县(旗、市),占全国国土面积的40%以上。其特点是草原畜牧业是牧区经济发展的基础产业,是牧民收入的主要来源。典型案例:内蒙古锡林郭勒盟西乌珠穆沁旗浩勒图高勒镇脑干宝力格嘎查。

8. 环境整治型模式

主要在农村脏乱差问题突出的地区,其特点是农村环境基础设施建设滞后,环境污染问题突显,当地农民群众对环境整治的呼声高、反应强烈。典型案例:广西壮族自治区桂林市恭城瑶族自治县莲花镇红岩村。

9.休闲旅游型模式

休闲旅游型美丽乡村模式主要是在适宜发展乡村旅游的地区,其特点是旅游资源丰富,住宿、餐饮、休闲娱乐设施完善齐备,交通便捷,距离城市较近,适合休闲度假,发展乡村旅游潜力大。典型案例:江西省婺源县江湾镇。

10.高效农业型模式

主要在我国的农业主产区,其特点是以发展农业作物生产为主,农田水利等农业基础设施相对完善,农产品商品化率和农业机械化水平高,人均耕地资源丰富,农作物秸秆产量大。典型案例:福建省漳州市平和县文峰镇三坪村。

四、助力乡村建设的方法

大学生应充分发挥自己所学的专业特长,以力所能及之力去帮助乡村改善生活环境,提升文化水平、提高人均收入,带动乡村与时俱进,向前发展。

(1)目标制订。对乡村的环境、经济、人口、医疗、卫生等方面的情况有所了解,根据自己的能力和专业水平来制订目标计划。

(2)积极参与。大学生可以积极报名参加有关部门组织的各种活动,为乡村的振兴贡献自己的力量。

(3)合理建议。对乡村的基本情况有所了解,根据市场需求,当地的地形、地理、气候、人口等相关情况,积极地为乡村建设出谋划策,提供合理建议。

(4)下乡实干。加入乡村建设的行列,积极为村民营造良好的生活环境,提升村民的文化水平,发挥自己的专长,进行相关工作的指导与服务。

劳动材料

可通过"三下乡"、寒暑假返乡等渠道参与到助力乡村建设中。

安全保障

（1）通过正规渠道加入乡村建设服务工作。

（2）与当地相关部门及组织单位保持联系。

（3）确保基本生活保障，及时缴纳安全保险。

劳动任务

利用节假日并结合自身专业及擅长技能参加各地组织的乡村建设服务行动，如乡村环境现状调研、乡村环境美化等。

劳动实施

（1）选择正规渠道进行服务。

（2）做好活动的前期准备。

（3）利用好各项渠道及平台做好活动宣传工作。

（4）回顾整个过程，撰写劳动总结。

劳动留影

乡村建设前期准备工作、参与过程的照片。

劳动总结

请结合本次劳动实践中的切身体会,总结所识所获、所成所得、所感所悟,并对此次劳动实践的总体表现进行自评,同时邀请本次劳动的指导人员、协助人员或见证人员进行评价。

姓　名		学　院	
班　级		学　号	
总　结	知识增长: 能力提升: 感悟升华:		
自　评	优点: 缺点:		
他　评	评语: 改进建议:		

因为热爱，所以努力

七月炎热，而热情不减，为了解中华人民共和国成立70周年来各行各业发生的巨大变化，2019年7月15日，我们"九人行程之时代变迁团队"在自己的家乡进行了"新中国成立70周年的变化"的调研活动。

转眼间我们九天的调研活动已经结束，此次活动让我们本来不是很熟悉的九个人心连心，我们携手共进，分工明确，共同面对调研过程中出现的各种问题。"看着很容易的事，实际上做起来并不容易"，"如果想做一件事就要用心去做，只要付出了努力就一定会有收获"，这是我们在这次"三下乡"中所感悟到的。

此次"三下乡"让我们受益匪浅。我们接触了不同年龄及不同职业的人群，包括医护人员、退休的老教师、生活在农村的村民等。通过采访调研，我们懂得和不同人群沟通应该用不同的方法，虽然我们面对的是素未谋面的陌生人，但是他们积极配合，尽自己所能解答我们提出的问题，对此我们感动至深。

认真的心

采访医护人员时，我们一到医生办公室就被那种紧张的氛围感动了，有的医生双手不停地敲打着键盘，注意力高度集中；有的医生在为病人耐心解答疑惑。面对病人，他们脸上总是挂着祥和的微笑，此情此景，我们实在不愿打破。没想到当我们说明来意后，有位正在写病历报告的医生立刻停下手中的工作，帮助我们填写调查问卷，耐心为我们讲解医院的历史、成就及她来到医院这些年所目睹的医院的种种变化。

我们了解到，现在有很多医疗器械都是过去可望而不可即的，而这些机器的出现不仅提高了患者的治愈率，也让医生们轻松了很多。

和蔼的笑

"那时候我们还小，生活住房简直没法和现在比……"这是我们在农村采访一位大叔说的话，他高兴地向我们诉说中华人民共和国成立后在农村发生的翻天覆地的变化。几十年前，许多家庭只有在过年的时候才能吃上白面馒头，每天吃得最多的东西就是红薯，甚至一日三餐都是红薯，我们不禁惊讶于祖国的变化之大、变化之快。短短几十年，祖国为我们创造了如此优越的成长环境，让我们可以不愁吃穿、无忧无虑地生活、学习。

　　过去的日子很苦，但他们终究熬出来了，作为在新时代出生的我们虽然没有亲身体验过那种艰苦的日子，但是我们也亲身体会了从我们出生到现在这十几年身边发生的巨大变化，高铁的快速发展，网络、智能手机的普及，等等。我们不仅感受到了祖国的强大，也为能出生在这样一个国家而感到幸福。

阳光下的我们

　　很感谢"三下乡"社会实践活动给了我们这样一个从各个方面接触社会的机会，我们也深刻领悟到能够出生在这样一个新时代是多么幸运，同时这次活动也让我们下定决心好好学习，努力充实自己，争取将来为祖国的发展奉献出自己的一份力量。

　　实践活动的九天很快过去了，在这次活动中我们经历了诸多坎坷，同时也收获了很多。这次活动在很大程度上丰富了我们的内心经历，提高了我们的交流能力，充实了我们的暑假生活，增强了我们的实践能力。

第八章　创造性劳动实践

创造性劳动是以知识、技能、情感的再造为基本特征,以创新、创先、创优为基本表现形式,以促进人的全面发展和社会全面进步为根本目标的劳动。从小处说,一个人取得突出的成就,其中无不包含"创造性劳动"的因子;往大了看,人类劳动由低级形态向高级形态发展,最主要的标志是创造性劳动数量和水平的增长;从一定意义上说,创造性劳动是人类社会发展的根本力量。

创造性劳动最需要的是专注,因为专注产生激情、酝酿精专、彰显毅力、引导创造。作为学生,我们要注重培养对本专业的兴趣和爱好,做到学一专业、爱一专业、精一专业,将来走入职场后干一行、爱一行、精一行,努力有所发现、有所发明、有所创造。

当然,除了专注于我们的专业学习,在专业生产劳动中发挥创造性之外,我们也可以发挥艺术创造性,在劳动中创造,在创造中劳动,走一条将劳动与创造相结合的路,用更加新颖、生动的方式去记录、讲述、描绘、舞动、传颂和弘扬劳动精神、劳模精神和工匠精神,让劳动精神、劳模精神和工匠精神以更加让同学们喜闻乐见的形式得以具体化、形象化,用艺术创造架起劳育和美育的桥梁,让劳动育人更具艺术性和欣赏性。

劳动项目一　变废为宝

根据有关数据统计,我国人均日产垃圾1.2千克,并且每年以10%的增长率递增。简单的传统垃圾处置法即将使得城市陷入"垃圾围城"的困局,唯有建设"无废城市"方可让人们未来的生活更加美好,此过程需要每一位市民的参与。身为当代大学生,更应利用所学知识,发挥创新精神,将生活中的部分可回收垃圾"变废为宝",为建设"无废城市"作出贡献。

劳动目标

（1）了解"无废城市"的理念，掌握垃圾分类的相关知识。

（2）掌握基本的手工技能，提升独立思考能力和创新能力。

（3）树立环保意识，强化劳动精神，增强对美好生活的热爱。

劳动知识

一、无废城市

1. 定义

"无废城市"是以创新、协调、绿色、开放、共享的新发展理念为引领，通过推动形成绿色发展方式和生活方式，持续推进固体废物源头减量和资源化利用，最大限度减少填埋量，将固体废物环境影响降至最低的城市发展模式，也是一种先进的城市管理理念。

2. 提出背景

随着社会的发展，人们每日产生的固体废物量日益增多，部分地区对固体废物减量、回收、利用与处置问题重视不够、考虑不足，严重影响城市经济社会可持续发展。

3. 建设意义

稳步推进"无废城市"建设，是从城市整体层面深化固体废物综合管理改革的有力抓手，也是践行新发展理念的题中之义。深入打好污染防治攻坚战和执行碳达峰、碳中和等重大战略，具有不可忽视的作用。

二、垃圾分类

"无废城市"涉及范围非常广泛，对于大学生来说，以"变废为宝"为切入点将大有可为。但是，在收集垃圾的同时，应当注意垃圾分类，以更好地区分哪些废品是适合被改造再利用的，并将其余用不到的垃圾投入正确的垃圾箱内。

垃圾主要可被分为以下四类：

1.可回收垃圾

可回收垃圾是指适宜回收利用的生活垃圾，包括纸类、塑料、金属、玻璃和织物五大类。

(1)纸类是指适宜回收的各类废书籍、报纸、纸板箱、纸塑铝复合包装等纸制品。但是，要注意纸巾和厕所纸由于水溶性太强，不可回收。

(2)塑料是指适宜回收利用的各类废塑料瓶、塑料桶、塑料餐盒等塑料制品。

(3)金属是指适宜回收利用的各类废金属易拉罐、金属瓶、金属工具等金属制品。

(4)玻璃是指适宜回收利用的各类废玻璃杯、玻璃瓶、镜子等玻璃制品。

(5)织物是指适宜回收利用的各类废旧衣物、穿戴用品、床上用品、布艺用品等纺织物。

这些垃圾通过综合处理回收利用，可以减少污染，节省资源。如每回收1吨废纸可造好纸850千克，节省木材300千克，比等量生产减少污染74%；每回收1吨塑料瓶可获得0.7吨二级原料；每回收1吨废钢铁可炼好钢0.9吨，比用矿石冶炼节约成本47%，减少空气污染75%，减少97%的水污染和固体废物。

可回收垃圾种类多样，通常情况下对人体无害，且对于大学生来说改造难度相对较低，推荐选择将其"变废为宝"。

2.有害垃圾

有害垃圾是指《国家危险废物名录》中的家庭源危险废物，包括灯管、家用化学品和电池三类。

(1)灯管是指居民日常生活中产生的废荧光灯管、废温度计、废血压计、电子类危险废物等。

(2)家用化学品是指居民日常生活中产生的非药品及其包装物、废杀虫剂和消毒剂及其包装物、废油漆和溶剂及其包装物、废矿物油及其包装物、废胶片及废相纸等。

(3)电池是指居民日常生活中产生的废镍镉电池和氧化汞电池等。

有害垃圾含有对人体健康有害的重金属、有毒物质,会对环境造成现实危害或者潜在危害。有害垃圾一般使用单独回收或填埋方式处理。

有害垃圾对人体具有一定的危险性,且需要极为专业的技术和工具对其进行处理,不推荐选择将其"变废为宝"。

3.厨余垃圾

厨余垃圾是指易腐烂的、含有机质的生活垃圾,包括家庭厨余垃圾、餐厨垃圾和其他厨余垃圾三类。

(1)家庭厨余垃圾是指居民家庭日常生活过程中产生的菜帮、菜叶、瓜果皮壳、剩菜剩饭、废弃食物等易腐性垃圾。

(2)餐厨垃圾是指相关企业和公共机构在食品加工、饮食服务、单位供餐等活动中,产生的食物残渣、食品加工废料和废弃食用油脂等。

(3)其他厨余垃圾是指农贸市场、农产品批发市场产生的蔬菜瓜果垃圾、腐肉、肉碎骨、水产品、畜禽内脏等。

厨余垃圾经正确的生物技术就地处理堆肥,每吨可生产0.6~0.7吨有机肥料。

处理厨余垃圾需要相对专业的知识、技能和工具,对于大学生来说,想要将其"变废为宝"具有一定的难度,不推荐选择将其"变废为宝"。

4.其他垃圾

其他垃圾是指除可回收垃物、有害垃圾、厨余垃圾外的生活垃圾,包括除上述几类垃圾之外的砖瓦陶瓷、渣土、卫生间废纸、纸巾等难以回收的废弃物及尘土、食品袋(盒)等。对其他垃圾采取卫生填埋的处理方式可有效减少对地下水、地表水、土壤及空气的污染。

其他垃圾中部分较易处理,部分则需要专业的技术和工具,大学生在甄别时具有一定的难度,不推荐选择将其"变废为宝"。

三、变废为宝的小妙招

(1)烟头。吸烟后剩下的烟头巧妙利用可以帮助除去纱窗油腻,方法是把洗衣粉、烟头一起放在水里,待溶解后,拿来擦玻璃窗、纱窗。

(2)泡茶后剩下的茶叶。将茶叶浸泡水中数天后,浇在植物根部,可促进植物生长;把残茶叶晒干,放到厕所或沟渠里燃熏,可消除恶臭;还可装入枕套充当枕芯,非常柔软;用残茶叶擦洗木、竹桌椅,可使之更为光洁。

(3)废旧毛笔。用废旧的毛笔清除缝隙里的灰尘,非常方便。

(4)残姜。煮菜时剩余的残姜,可捣烂放锅内,按姜与水2∶1的比例加水煮沸,稍凉后倒入洗衣盆,浸泡白背心10分钟,再反复揉搓几遍即可除去白背心上的黑斑。

(5)用完的香水瓶、化妆水瓶等。将用完的香水瓶、化妆水瓶盖打开,放在衣箱或衣柜里,这样就会让衣物变得香喷喷。

(6)旧毛巾。常用的地拖又沉又重,而且吸水性不好,拖完后地面要很长时间才干。可以用旧毛巾当抹布擦地,既干净又干得快,而且使用旧化纤料效果更好。

(7)剩余的牙膏。牙膏在快用完时,可以把包装剪开,把里面剩余的牙膏收集起来,用来刷鞋、去除污渍。在用钢笔写字不小心写错时,可以在错别字上抹点牙膏,然后一擦就除掉了。

(8)柠檬皮。吃完的柠檬皮不要扔。泡在水里,再用柠檬水洗筷子和碗,可以消除餐具上的异味,使碗筷保持清新气味。

(9)旧报纸。报纸上的油墨能防虫蛀,所以用过期的报纸铺箱子底,这样就可以防止衣物被虫蛀。

(10)过期的洗甲水。用化妆棉蘸取适量的清水擦洗黏性极强的污渍,使它被水浸透,再用化妆棉蘸取过期的洗甲水放在污渍上,静待2分钟,即可轻松去除黏性极强的污渍。

劳动材料

任意一种可回收垃圾、常用手工工具(剪刀、美工刀、胶水等)。

安全保障

(1)选择合适的可回收垃圾,切勿选择残破的玻璃瓶、易拉罐等存在安全隐患的垃圾。

(2)在使用剪刀、美工刀等用具前,应检查其是否存在裂纹、松柄、锈蚀等现象,避免在使用过程中发生意外。

(3)美工刀使用完毕应及时将刀片缩回刀柄,不得以刀片伸出的状态将其放在操作台边缘及过高处,以免掉落伤人。

(4)裁剪物品时需注意切勿将工具的尖锐端对准他人或自己,切勿用力过猛。

(5)玻璃器皿、瓷器不能摆放在台面边缘,以免摔破伤人。

劳动任务

从自己的日常生活中收集一件可回收垃圾,发挥想象,将其改造成一件实用的物品。

劳动实施

(1)选择合适的可回收垃圾。

(2)设计改造成品,要求成品美观且具有实用性。

(3)准备改造所需工具。

(4)利用互联网或身边其他资源,了解目标成品特点,并制订改造的具体步骤。

(5)完成原材料的准备工作并拍照。

(6)在保障安全的情况下尽量独自完成改造。

(7)改造完成后与改造成品拍照留念,并及时清理多余的垃圾。

(8)邀请他人对改造后的成品进行评价。

(9)回顾整个过程,撰写劳动总结。

劳动留影

废品改造前准备工作、改造过程、改造成品的照片。

劳动总结

请结合本次劳动实践中的切身体会,总结所识所获、所成所得、所感所悟,并对此次劳动实践的总体表现进行自评,同时邀请本次劳动的指导人员、协助人员或见证人员进行评价。

姓　名		学　院	
班　级		学　号	
总　结	知识增长: 能力提升: 感悟升华:		
自　评	优点: 缺点:		
他　评	评语: 改进建议:		

劳动项目二　寻找最美劳动者

"百尺竿头立不难，一勤天下无难事。"劳动是推动人类社会进步的根本力量。习近平总书记指出："人世间的美好梦想，只有通过诚实劳动才能实现；发展中的各种难题，只有通过诚实劳动才能破解；生命里的一切辉煌，只有通过诚实劳动才能铸就。"放眼望去，千千万万普通的劳动者，在各自的岗位上，勤干、苦干、实干，构成了社会有序运转的和谐画面，唱响了"中国梦·劳动美"的主旋律。中国梦的实现离不开千千万万普通的劳动者，他们的身影值得我们去记录，他们的故事值得我们去聆听。

在如今这个影像爆炸的时代，人们越来越喜欢依靠直观的视觉来获取信息，随着摄影技术的发展，摄影俨然成为人们日常生活的重要组成部分，读图已经成了这个时代的文化特征。如今，互联网的出现为摄影文化的传播提供了崭新的空间，数字摄影的出现以及普及，有利于摄影借助互联网得以更广泛地传播。

将"摄影"与"劳动主题"相结合，通过镜头寻找、挖掘和讲述普通劳动者的故事，或温暖、或励志、或感动，借助互联网，让他们的风采被更多双眼睛"看见"，让"崇尚劳动、热爱劳动、辛勤劳动、诚实劳动"的精神拥有更为生动的打开方式，让"尊重各行各业普通劳动者、珍惜他人劳动成果"更加深入人心。

劳动目标

（1）了解摄影基础知识，包括光线的运用、拍摄方向的运用、拍摄距离的运用、拍摄高度的运用、摄影构图、人物拍摄方式、主题摄影、拍摄步骤等。

（2）根据不同的场景和拍摄效果需求，选用不同的光线、角度、距离、高度和构图模式。

（3）掌握主题摄影的基本方法。

（4）懂得尊重普通劳动者、珍惜他人劳动成果。

（5）学会在日常生活中寻找美、发现美、创造美、表达美。

劳动知识

一、光线的运用

照片是光与影的艺术产品,将光线称为摄影的灵魂一点也不为过。要拍摄好照片,就必须要掌握光线这个关键的元素。

(一)光线的性质

1.直射光

在晴朗的天气里,阳光没有经过任何遮挡直接射到被摄者身上,受光的一面就会产生明亮的影调,背光的一面则会形成明显的阴影,这种光线称为直射光。在直射光下,受光面及背光面会有非常明显的反差,因此容易产生立体感。当太阳被薄云遮挡,阳光仍会穿透白云扩散,这时所产生的照明反差将会降低,非常适宜于人像摄影。

2.散射光

在阴天,阳光被云层所遮挡,不能直接射向被摄对象,只能透过中间介质或经反射照射到被摄对象上,光会产生散射作用,这类光线称为散射光。由于散射光所形成的受光面及阴影面不明显,明暗反差也较弱,光影的变化也较柔顺,因此产生的效果比较平淡柔和。散射光会产生反差较弱的光线,故阴影较淡,调子变化较丰富,会得出柔和的影像线条及影调。

(二)光线投射的不同方向

拍摄同一个景物,运用不同方向投射来的光线会产生不同的效果。

1.顺光

从照相机背后而来,正面投向被摄对象的光线叫作顺光。顺光照明的特点是:被摄对象绝大部分都直接受光,阴影面积不大,对象的影调比较明朗。这种光线形成的明暗反差较弱,对象的立体感主要不能靠照明光线反映出来,而是由本身的起伏表现出来,因此立体感较弱。

2.前侧光

从照相机左后方或右后方投向被摄对象的光线叫作前侧光。受光的对象大部分都会受光,产生的亮面大,所以影调也较明亮,对象不受光而产生阴影的面积也不会太大,但已可以表现出对象的明暗分布和立体形态。这类光线既可保留比较明快的影调,又可以展现被摄对象的立体形态。

3.侧光

来自照相机左侧或右侧的光线叫作侧光。它会使被摄对象的一半受光,而另一半则处于阴影中,有利于表现对象的起伏状态。由于侧光照明使对象的阴影面积增大,因此画面的影调不亮不暗,明暗参半,不及由顺光和前侧光产生的那样明快,但也不会太阴沉,立体形态表现会较好。

4.侧逆光

来自照相机的左前方或右前方的光线叫作侧逆光。它令对象产生小部分受光面和大部分的阴影面,所以影调会较阴沉。这种照明方法在对象上产生的立体感会比顺光的好一些,但仍然偏弱。

5.逆光

逆光是从被摄对象背后射来,正面射向照相机的光线。被摄对象绝大部分处在阴影之中。因光线的对比较弱,所以立体感也较弱,影调比较阴沉。可是,逆光可以用来勾画物体的侧影和轮廓,还可以突显物体的质感和形状,清楚地展示对象的线条。在晴朗的天气下使用逆光更易创造出一种强烈的反差。

6.顶光

顶光的光源位于被摄对象的正上方,类似于自然光中正午时太阳的光线。顶光常会在被摄对象上造成强大的阴影,若用于人像摄影,则人脸部的鼻下、眼眶、颚下等处会形成浓黑的阴影。

7.底光

底光的光源位于被摄物的下方。这种光线在日常生活中较少见,故有怪异和戏剧性的效果,在一般摄影场合应用较少。

(三)光线的反差

反差指的是被摄对象上"最亮"与"最暗"的色调关系。所谓反差强,是指光线在主体身上呈现的最亮部位与最暗部位的差别大,而且由最亮到最暗的转换过程中对比度非常强烈。相对地,反差弱表示最亮部位与最暗部位的差别不太大,由最亮到最暗的转换过程中变化非常柔顺,令色调更丰富。

二、拍摄方向的运用

拍摄方向就是照相机镜头在同一水平面上围绕被摄主体一周的相对拍摄角度,分为正面拍摄、侧面拍摄、背面拍摄。

1.正面拍摄

正面拍摄是指拍摄者在被摄者的正前方拍摄。多表现出严肃静穆的感觉,一般节目主持人多采用这个角度,容易给人一种面对面交流的亲切感。

2.侧面拍摄

侧面分为正侧面和斜侧面两种。正侧面就是相机与主体成侧面90°拍摄的画面。正侧面可以很完整地展现出人物的轮廓曲线,多用于会谈、会见、双方对话交流等。斜侧面是相机和主体正、背、正侧斜方45°角拍摄的画面。斜侧面可以产生明显的形体透视和空间透视变化,表现主体活泼生动,更加方便安排主体和次要人物。

3.背面拍摄

背面拍摄即从被摄者的背面拍摄。由于看不到面部表情,给了观众更多的想象空间,多用于制造悬念、跟踪拍摄等。

三、拍摄距离的应用

拍摄距离是指照相机到被摄物的距离,分为远景、全景、中景、近景、特写。

1.远景

画面容纳的景物范围较大,主要表现景物所在的场景、环境、气氛与气势。多用于拍摄大场景,会带给人恢宏磅礴的气势。

2.全景

表现某一事件或具体的对象,将该事件或对象放在画面主要位置,通过特定的气氛、环境来烘托。全景相比远景容纳范围小一些,比中景大一些。

3.中景

画面具体介绍某一事件的主要部分,着重表现事件人物间的关系。

4.近景

相比中景比近景更近,人物成为画面的主要部分,能使观众看出人物脸部的细微表情。

5.特写

突出拍摄对象的某一部分,如人物胸部以上部分或是突出某一物体的局部,多用于刻画人物的思想,表现人物的心态或强调显示某一部分的特征。

四、拍摄高度的应用

拍摄高度是指相机与被摄体在相机垂直平面的相对位置。由于相对高度不同,拍摄高度分为平摄、仰摄、俯摄、顶摄四种。

1.平摄

平摄是指相机与被摄体在同一水平线上进行的摄像。平摄是拍摄人像时最常用的视角,平摄的画面往往显得比较规矩、平稳,能够给人以亲切、自然的感受。平摄人物时,相机镜头至人物身体各部分的距离与人物视线的距离基本相等,产生正常的透视结构,不会因透视收缩而使主体人物变形,给人以身临其境的感觉。平摄人物活动的场面,符合观赏者的视觉习惯,使人感到平等、亲切。

2.仰摄

仰摄是指相机低于被摄体时的拍摄。仰摄能突出前景、简化背景,容易产生夸张的透视感,使被摄体产生下宽上窄的效果。拍摄人物时,能夸张人物面部及形体特征,将人物身材衬托得十分高挑,还可有效摆脱纷繁复杂的环境背景。

3.俯摄

俯摄是指相机高于被摄体时的拍摄。俯摄时,画面上的地平线升高,可以充分表现景物的位置、规模、数量和远近关系,给人视野开阔、意境深远的感受。俯摄有利于表现被摄体的第三面,使画面形象产生立体感,俯摄人物时能够展示人物与环境的整体气氛。俯射不适于表现人物的神情及人物间细致的感情交流,容易使人物的面部发生畸变,在拍摄以人物为主的中、近景画面时不宜用俯摄。

4.顶摄

顶摄是指相机与地面呈垂直方向的拍摄。顶摄可以从日常人们无法达到的角度,把一些富有表现力的造型,拍成构图精美的画面。顶摄改变了被摄体的正常状态,把人与环境的空间位置,变成线条清晰的平面图景,产生新的美感。

五、摄影构图

构图是在有限的空间内处理人、景、物的关系,并将三者安排在画面中最佳的位置以形成画面特定结构的过程。

(一)基本构图模式

1.均衡式构图

均衡就是平衡。它区别于对称,用这种形式进行构图的画面不是左右两边的景物形状、数量、大小、排列的一一对应,而是相等或相近形状、数量、大小的不同排列,给人以视觉上的稳定,是一种异形、异量的呼应均衡,是利用近重远轻、近大远小、深重浅轻等透视规律和视觉习惯的艺术均衡。当然均衡中也包括对称式的均衡。均衡式构图给人以宁静和平稳感,但又没有绝对对称的那种呆板无生气,是构图中常用的形式,均衡也成为摄影构图的基本要求之一。

2.非均衡式构图

非均衡式构图具有不稳定、不和谐、紧张刺激、动荡不安等特点。从景物形象上来表现动势较为理想;从心理反应上来表达烦躁不安的情绪、不协调的动作或不一致的注意力和不同的表情等,具有优势;如展示战争的残酷、革命风暴、狼藉现场等场面,也可取得好的视觉效果。总之,非均衡式构图就是要打破常规,恰当的非均衡式构图有利于表现设计主题。

3.三角形构图

三角形构图是指对本身就拥有三角形元素的主体进行构图拍摄,或者利用画面中的若干景物,按照三角形的结构进行构图拍摄。一种是画面中只有一个拍摄对象,而且这个拍摄对象的三个点恰好可以形成一个稳定的三角形;另一种是画面中有多个拍摄对象,利用不同的拍摄角度,将这些拍摄对象以三角形的形态构建在画面中,达到三角形构图的效果。

三角形构图最直观的感受就是能让画面和谐、稳定又不失活泼,安定、均衡且不失灵动,各主体间相互联系,又不显呆板。

4.圆形构图

圆形构图是把景物安排在画面的中央,圆心正是视觉中心。圆形构图看起来就像一个团字,给人以团结一致的感觉,没有松散感,但这种构图模式,活力不足,缺乏冲击力和生气。

5.框架构图

框架式构图是用一些前景将主题框住。常用的有树枝、拱门、装饰漂亮的栏杆和厅门等。这种构图很自然地把注意力集中到主题上。焦点清晰的边框虽然有吸引力,但它们可能会与主体相对抗。因此,用框架式构图要注意配合光圈和景深的调节,使主体周围的景物虚化,使人们自然地将视线放在主体上。

6.S形构图

S形具有曲线的优点,优美而富有活力和韵味。读者的视线随着S形向纵深移动,可有力地表现其场景的空间感和深度感。S形构图分竖式和横式两种。竖式可表现场景的深远,横式可表现场景的宽广。S形构图着重在线条与色调紧密结合的整体形象,而不是景物间的内在联系或彼此间的呼应。S形构图最适于表现自身富有曲线美的景物。在自然风光摄影中,可选择弯曲的河流、庭院中的曲径、矿山中的羊肠小道等;在大场面摄影中,可选择排队购物、表演等场景;在夜间拍摄时,可选择蜿蜒的路灯、车灯行驶的轨迹等。

7.井字形构图

井字形构图,是将画面九等分,将拍摄主体放置在井字形交叉点的位置。拍摄者要根据场景特点,结合主体与环境间关系,选择将主体焦点放在哪个交叉点。这种方法可以让拍摄主体更加突出体现,使整个画面更加和谐自然。

8.对角线构图

对角线构图指的是画面中的影像呈对角的方向分布,这种构图避开了左右构图的呆板,形成视觉上的均衡和空间上的纵深感,使画面线条多变又富于动感,而且在视觉上显得活泼、自然。

9.三分法构图

三分法构图是指将画面的横向或纵向平均分成三份,这种平分会使画面产生两条横向或是纵向的等分线,这两条等分线称为三分线,利用这些等分线来构建画面的方式就是三分法构图。

在拍摄风光题材时,经常运用横向三分法,这种三分法还可以分为上三分与下三分。例如,在拍摄晴空万里的大草原时,由于地平线上方的蓝天更有内容,所以选择下三分的构图方式,让画面体现更多蓝天白云,以此增加画面的吸引力。

在拍摄人像、动物或花卉等题材时,可以将人物、动物或花卉主体安排在竖直三分线上。使用竖向的三分法构图,除了可以达到突出主体的目的,还可以使画面更加活泼、生动。

10.十字形构图

十字形是一条竖线与一条水平横线的垂直交叉。它给人以平稳、庄重、严肃感,表现成熟而神秘,健康而向上。十字形构图的场景,并不都是简单的两条横竖线的交叉,而是相仿于十字形的场景均可选用十字形构图。

11.放射式构图

以主体为核心,景物向四周扩散放射。这种构图方式可使人的注意力集中到被摄主体,又有开阔、舒展、扩散的作用,常用于需要突出主体而现场又比较复杂的场合,也用于使人物或景物在较复杂的情况下产生特殊效果。

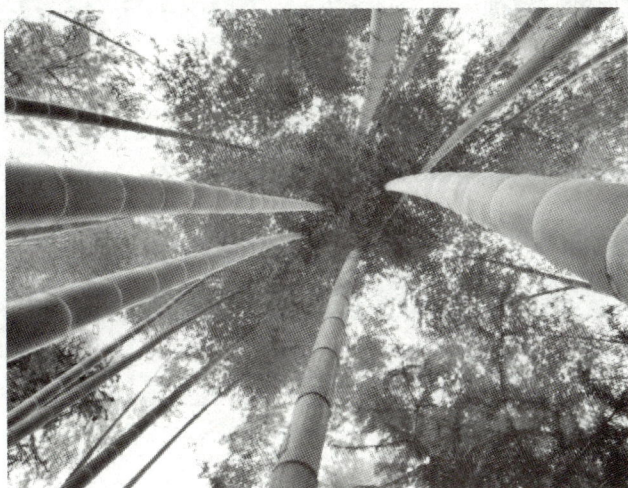

(二)构图的核心技巧

摄影构图最为核心的就是如何突出拍摄主体,让主体在画面中强烈地体现出来。没有主体的摄影作品,一开始就注定是失败的,而主体不突出的照片,肯定不会很出彩。下面介绍一些常见的突出主体的手法。

1.通过近距离拍摄突出主体

当镜头越靠近拍摄主体时,背景环境的摄入就会越小,拍摄主体就越被放大,受背景干扰就越小。除了靠近主体拍摄,还可以通过拉长镜头的焦距来进行拍摄,同样可以放大主体在画面中的地位。

2.利用简洁背景突出主体

要达到突出主体的效果,除了从拍摄方法和技巧上下功夫,最简单的莫过于直接选择简洁的拍摄背景,例如灰白的墙面、青青的草坪和蓝蓝的天空。

3.利用浅景深突出主体

背景相对杂乱或者拍摄时不相关元素较多时,可以利用浅景深的方式来虚化背景,突出主体,比如在拍摄时,将光圈调大些,就可以让杂乱的背景虚化,这样柔和的虚化背景就能更好地突出主体。

4.利用前景突出主体

在一幅画面中,位于主体之前的景物叫作前景,前景应用得当,既可以突出主体,还能够加强画面透视感及空间感。在运用前景构图时,需要注意以下几点。

第一,前景是为主体服务的,用来烘托、衬托主体,作为前景不能阻挡我们看主体的视线;第二,前景不能抢了主体的风头,前景在一个画面中的定位就是绿叶、配角,所以其表现力要弱于主体,要让人一眼就能分出主次;第三,前景要运用准确,保证其符合整个画面的主题。

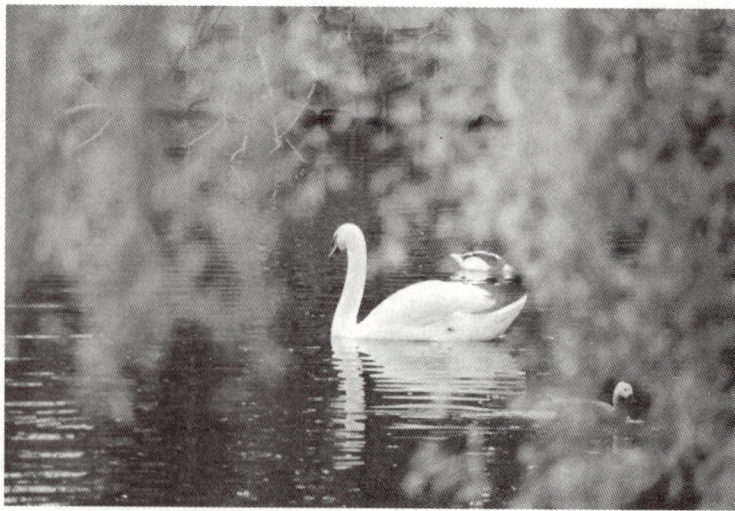

5.利用色彩反差突出主体

我们利用画面中反差大的色彩进行对比,把主体与背景区分出来,达到强化主体的作用。

六、人物拍摄方式

人物拍摄方式包括摆拍、抓拍和摆抓结合三种。各有特点和要求,又互相联系,互相配合,分别构成人像摄影所不可缺少的造型手法。

1.摆拍

摄影过程中,始终让被摄对象完全知道有人在为自己拍照,从而使摄影者可有较充分时间,在做好拍摄准备并对被摄对象加以摆布后,完成拍摄。

2.抓拍

在摄影过程中,被摄对象不知道镜头的存在,由摄影者直接摄取人物活动中生动的瞬间。这种拍摄方式的优点在于被摄对象的神情举止会更为自然。

3.摆抓结合

整个摄影过程中,虽然让被摄对象知道有人在为自己拍照,但并不告知确切的拍摄时间,以便使被摄对象的注意力仍集中于所从事的事物,而摄影者得以有一定的时间,选择最佳角度和光线,并经过较小范围的调整和摆布,在适当时间按下快门。这种拍摄方式,兼顾了摆拍和抓拍两者的长处。

七、主题摄影

1.定义

主题摄影是指围绕一个主题展开拍摄,采用多幅照片与文字结合,通过媒体进行传播的摄影形式。这个主题可以是一个想法、一种观念、一个人物、一个事件、一个地点等,范围十分宽泛,形式也很自由,但最重要的是照片通过某种形式组合呈现在读者面前,所有照片和文字一起构成一个整体。

2.特点

(1)主题摄影由一组照片组成,有明确的主题,所有照片以这个主题为中心连接起来并拓展开来。这比单张照片能够更加深入地表现主题，并具有时空延续性。

（2）照片组合有一定的逻辑关系，这种逻辑关系可以是按照时间、空间或者是事件，可以是纵向也可以是横向。

（3）主题摄影是图片与文字结合起来共同传播信息的摄影表现形式。

八、拍摄步骤

要拍摄出好的主题作品，仅仅依靠拍摄方法和技巧还不够。一个完整的摄影主题需要摄影师极其缜密又全局性的思考、细致的计划、极强的执行力以及跨越时间的一致审美。那到底如何围绕一个主题进行拍摄呢？

第一步，围绕主题做头脑风暴。围绕主题，把所有可能拍摄的方向都写下来，做成思维导图，再筛选可操作性较强、表现效果好、与主题关联度高的优先拍摄。

第二步，一边拍摄，一边整理。在拍摄过程中同时整理照片，看看这些照片是否有视觉上的逻辑以及是否符合故事主线，将关联度较低的照片剔除。

第三步，照片后期处理。后期处理主要包括：清除杂物元素，对作品中主体元素畸变进行调整，调整色彩色调、清晰度、构图等。后期处理要根据主题和作品的风格特点，找到作品的不足，总体要遵循画面统一协调这一最高审美准则。

第四步，解说文字的撰写。为便于读者更好地读懂作品，通常需要对摄影作品添加解说，主要包括：①摄影作品的题名。根据作品内容提炼，如果是组片，要根据这组照片共同反映的主题来提炼，起到画龙点睛的作用；②简要说明作品的核心内容、背景，可附带拍摄者拟表达的意图，点到为止；③拍摄的基本情况，包括摄影机机型、镜头、主要参数、作者姓名等。

劳动材料

相机（或手机）、三脚架、计算机等。

安全保障

1.器材安全

（1）确保相机不离手或在视线范围之内，建议为相机穿好肩带或背带，将其挂在肩上或穿过手腕，避免遗失。

(2)拍摄时,要紧握相机,最好将相机挂在肩上或者穿过手腕,避免失手摔坏。

(3)镜头装上机身时,要确认安装到位,避免镜头松脱摔坏。

(4)将三脚架稳固到位,放置在平整的地面,以免三脚架摔倒而损坏相机。

(5)远离可能溅水的环境,如无法远离,要做好防水措施,避免相机进水。

2.人身安全

(1)在选择拍摄场景时,应避开危险地带。

(2)在选择拍摄时间时,应注意查看天气情况,避免在极端天气外出拍摄。

(3)拍摄前,应充分做好沟通,避免产生误会或冲突。

(4)拍摄时,应留心脚下是否平整开阔,避免扭伤或者踏空跌倒。

3.资料安全

(1)避免对资料存储设备的非正常操作,以免损坏存储卡。

(2)及时做好数据资料的备份,防止存储卡意外损坏造成数据丢失。

劳动任务

以"中国梦·劳动美"为主题,拍摄一组照片,从普通劳动者中找出心目中的"最美劳动者"。

劳动实施

(1)观察身边各行各业的普通劳动者,找到拟拍摄的对象。

(2)拟好拍摄思路,与拟拍摄的对象做好拍摄前的沟通及相关准备工作。

(3)选择合适的时间、地点、场景,完成拍摄。

(4)对拍摄的照片进行后期处理,并撰写解说文字。

(5)将作品成品分享给被摄者,邀请被摄者评价。

(6)将作品成品分享给其他人,让更多人关注到这些"最美劳动者"。

(7)回顾整个过程,撰写劳动总结。

劳动留影

摄影前准备工作、摄影过程、后期处理过程的照片。

劳动留影

劳动总结

请结合本次劳动实践中的切身体会,总结所识所获、所成所得、所感所悟,并对此次劳动实践的总体表现进行自评,同时邀请本次劳动的指导人员、协助人员或见证人员进行评价。

姓　名		学　院	
班　级		学　号	
总　结	知识增长: 能力提升: 感悟升华:		
自　评	优点: 缺点:		
他　评	评语: 改进建议:		

劳动项目三　劳动主题演讲

主题演讲,是根据事先拟定的题目或者限定的演讲范围,经过充分准备后,在一定场所进行的主题鲜明、内容全面、结构严谨,符合主持人和听众要求,成功率较高的演讲。

劳动主题演讲,主要诠释"爱岗敬业、争创一流,艰苦奋斗、勇于创新、淡泊名利、甘于奉献"的劳模精神,"崇尚劳动、热爱劳动、辛勤劳动、诚实劳动"的劳动精神,"执着专注、精益求精、一丝不苟、追求卓越"的工匠精神。聚集劳模或身边的先进典型,讲述"劳动创造幸福"好故事、感人事迹以及由此受到的精神激励,展现爱岗敬业、忘我工作、拼搏奉献的精神风貌。

劳动目标

(1)了解演讲主题的确定、演讲标题的设计等方面的知识。

(2)掌握演讲稿开头、主体、结尾的撰写方法,具备相关写作能力。

(3)大力弘扬劳模精神、劳动精神和工匠精神,进一步焕发劳动热情,争做新时代的奋斗者。

劳动知识

一、演讲主题的确定

演讲的主题是指演讲的主旨、中心思想,它是整个演讲的核心,指导着演讲稿的写作方向。没有明确主题的演讲就没有灵魂,即使演讲者说得天花乱坠,观众也会不知所云。因此,演讲者在写演讲稿前,首先需要确定演讲的主题。

(一)确定演讲主题的原则

1.演讲主题要与演讲目的相符

在确定演讲主题之前,首先需要确认演讲的目的,也就是说,演讲者首先要明白自己进行这场演讲是为什么。演讲的目的不同,演讲者所选的主题也就不同。

2.演讲主题要适应观众的实际情况

演讲是讲给观众听的,由于观众在性格、年龄、职业、思想认知、文化内涵等方面各有不同,演讲者在确定演讲主题时应从他们的需求出发来确定。

3.演讲主题要适应演讲者自己的身份和能力

演讲者要选择自己比较熟悉并能胜任的主题,因为这样演讲者更容易掌控演讲的内容,能将内容讲得透彻,从而取得良好的演讲效果。

4.演讲主题要适应演讲的时间

演讲主题覆盖的范围面越大,需要讲的内容就越多,演讲所需的时间就越长。如果演讲的时间较短,演讲者就应该选择一个较小的主题,以免因为时间限制导致内容讲不完。

5.演讲主题要适应演讲的场合和气氛

一般来说,在悲伤的氛围中谈论高兴的内容,或在一个喜庆的场合中谈论悲伤的内容都是不合适的。

(二)确定演讲主题的标准

演讲者确定了演讲主题后,还需要对其进行审查,也就是评判演讲主题是否达到以下五个标准。

1.正面

正面是指主题所体现的思想观点必须是正面的、积极的,符合正确的世界观和价值观,符合客观真理,符合客观事物的本质和发展规律。如果演讲主题的思想观点是消极的、错误的,即使演讲稿的结构再合理、材料再丰富、语言再生动,演讲者的演讲再精彩,这样的演讲也是无意义的。

2.集中

集中是指一篇演讲稿只能有一个主旨或中心,而不能有多个主旨或中心。如果演讲者企图在一次演讲中阐述多个观点,解决多个问题,什么都想讲,最终造成的结果很可能就是什么都讲不清楚,什么都说不明白。

3.鲜明

鲜明包括两层含义:一是演讲的主题要观点突出,能够让观众一听就知道演讲者要讲的是什么内容;二是演讲的主题要是非分明,鲜明地表达出演讲者的爱憎态度,明确地说明演讲者在肯定什么、否定什么、歌颂什么、抨击什么。

4.深刻

深刻是指演讲主题要能透过事物现象看到本质,即使演讲的主题涉及的只是平常小事,也要能做到"见人之所未见,发人之所未发"。如果演讲主题肤浅,甚至低俗,就无法唤起观众对演讲的兴趣,甚至还会引起观众的反感。

5.新颖

新颖是指演讲主题所代表的观点是演讲者自己独到的见解,具有独创性,能够给人以耳目一新的感觉,而非拾人牙慧、人云亦云。

二、演讲标题的设计

演讲标题是演讲稿的重要组成部分,一个好的标题不仅能让观众迅速了解演讲的内容,还能引起观众的兴趣,吸引观众的注意力,为演讲的成功奠定基础。

(一)确定演讲标题的原则

演讲标题概括了演讲稿的核心内容,在演讲稿中起着画龙点睛的作用。在确定演讲标题时,演讲者需要遵循以下三个原则。

1.演讲标题要有内容

演讲标题要与整个演讲稿的内容密切相关,能够直接揭示或概括演讲稿某一方面的内容,明确地告诉观众他们要听的是什么。

2.演讲标题要简练

演讲标题要简练,字数不宜太多,句子不宜太长,越简练越好。这里所说的简练是以标题有内容为前提的。

3.演讲标题要表态

针对自己讲述的问题,演讲者会持有某种明朗、强烈的态度或情感。因此,在拟定演讲标题时演讲者也可以将这种态度或情感渗透到标题中,从而让标题具有表态、含情的作用。

(二)确定演讲标题的方法

好的演讲标题具有风流蕴藉、生动传神的特点,能够给人留下深刻的印象。演讲者在拟定标题时可以采用以下方法。

1.抒发情感

演讲者可以在标题中抒发某种情感,以情感人,如《我骄傲,我是努力拼搏的"打工人"》《祖国,我爱你》等。

2.提出疑问

在标题中提出疑问有利于激发观众的好奇心,增强观众对演讲的兴趣,如《你的大脑如何区分美与丑》《当代大学生应该具备哪些素质》等。

3.揭示内容或场合

演讲者可以在标题中直接揭示演讲的主要内容或演讲的场合,如《人文奥运,促进和谐》《人生需要拼搏》等。

4.使用正、副标题

演讲者可以使用正标题加副标题的形式来设置标题,正标题揭示演讲的主题,副标题是对正标题的补充说明,如《让你的大脑转起来——提高学习效率的方法》《"是"——快速说服对方的秘诀》等。

5.发出呼吁

发出呼吁就是演讲者在标题中表明自己的态度,向观众说明应该怎么做,如《绝不向偏见低头》《不拖延从现在开始》等。

6.发出警示

使用祈使句或带有哲理的名人名言发出警示,以激起人们的警觉,如《注意!人生路上处处有红灯》《敢于走自己的路》等。

7.使用修辞手法

在标题中使用一定的修辞手法,能够让标题更出彩。

(1)比喻。使用比喻手法可以将比较抽象的事物具体化、形象化,使抽象的事物变得更容易被理解,如《父爱是座山》。

(2)对偶。对偶句具有语言凝练、句式整齐、音韵和谐、富有节奏感的特点。对偶手法能使两个句子的意思形成互相补充和映衬,加强语言的感人效果,如《奉献无私,青春无悔》。

(3)对比。使用对比手法有利于形成对照,强化标题的表现力,如《想,要雄心万丈;干,要脚踏实地》。

三、演讲稿正文的撰写

演讲稿的正文包括开头、主体、结尾三个部分。每个部分都有自己独特的写作技巧,掌握这些写作技巧有助于撰写出高质量的演讲稿。

(一)撰写演讲稿的开头

演讲稿的开头相当于演讲的开场白,它是演讲者与观众初步建立联系的桥梁,在整个演讲过程中起着至关重要的作用:一是它能激发观众对演讲的兴趣和好奇心,吸引观众的注意力;二是它能为接下来的演讲做好铺垫,让演讲者顺利进入演讲主题。因此,演讲者要精心设计演讲稿的开头,力图使演讲一开始就抓住观众的心,获得观众的好感,为演讲成功奠定基础。下面分享一些常见的撰写演讲稿开头的方法。

1.开门见山式

开门见山式就是开头直截了当地说明演讲的主题,表明自己的目的。例如,一篇标题为《人的命运是不可能被注定的》的演讲稿的开头是这样的:"大家好,今天能在这里和大家面对面地交流,我感到非常荣幸!在此我希望和大家分享我的一段经历,告诉大家一句对我的人生产生重要影响的话——人的命运是不可能被注定的!"

2.提问式

提问式就是开头以问题引路,抛出一个与演讲主题相关的问题,引发观众思考,激发观众的好奇心。例如，一篇以"如何高效率开会"为主题的演讲稿的开头是这样的："在讲座正式开始之前，我想先和大家探讨几个问题：工作中，你是不是有很多时间都在开会？你是否有过这样的经历，连续开几个小时的会，但问题仍未得到解决？那么怎样做才能提高开会的效率，更好地解决问题呢？"

3.设问式

设问式就是在开头用问句提出问题，之后再给予相应的解答，采取自问自答的方式，激发观众的兴趣。例如，一篇以"诚信既珍贵又脆弱"为主题的演讲稿的开头是这样的："大家都知道诚信是可贵的，但是大家想过诚信也是非常脆弱的吗？是的，诚信可贵，但它也很脆弱。它如初生婴儿一般，一旦失去呵护就会变得岌岌可危，也像小树幼苗一般经不起风雨。"

4.引用名言式

经典的名人名言、格言，以及常用的谚语、诗词名句等或富含丰富的感情，或蕴含深刻的哲理，再加上语言优美，因此深受人们的喜爱和传诵，人们也认可它们的权威性和说服力。因此，演讲者可以适当使用名言作为开头。例如，一篇以"学会尊重"为主题的演讲稿的开头是这样的："所谓爱人者，人恒爱之；敬人者，人恒敬之。每个人都希望自己能获得别人的尊重，但是我们应该明白，尊重是相互的，我们要想获得别人的尊重，首先要学会尊重别人。"

5.故事式

所谓故事式开头，就是在开头讲一个情节扣人心弦、内容精彩的故事，制造某种悬念，引起观众的注意，激发他们对演讲的兴趣。例如，一篇以"人生的选择"为主题的演讲稿的开头是这样的。

"首先我想先和大家分享一个我在中学时代听到过的小故事：

两个工作不如意的年轻人，一起去拜访老师，他们向老师提问道：'老师，我们在办公室被欺负，太痛苦了，您说，我们是不是应该辞掉这份工作？'老师闭着眼睛，沉默了半天，说出了五个字：'不过一碗饭'，就挥挥手示意年轻人退下。两个年轻人听了之后各有所悟，回到公司后，一人向公司领导递交了辞呈，回家种地，另一个人则决定留在公司。

时间过得很快,转眼十年过去了。回家种田的年轻人采取现代经营理念和方法辛勤劳作,居然成了农业专家;留在公司的年轻人不再抱怨,努力学习,提升自己,渐渐受到公司领导的器重,也成了经理。

这个故事所体现的是对待人生中选择的一种从容的态度,很多事不过是一念之间,无论做出什么样的选择,都应该认真对待,这样才可能获得比较好的结果。"

6.修辞式

修辞式就是在开头使用比喻、夸张、排比、对偶、反复、设问等修辞手法,营造一种意境,感染观众。例如,一篇以"奋斗"为主题的演讲稿就运用了比喻和排比的形式来开头。"如果人生如水,那么奋斗就是炽热的火焰,为人生带来沸腾的未来;如果人生是一个热气球,那么奋斗就是热烈的空气,为人生带来俯视众生的明天;如果人生是一艘扬帆起航的船只,那么奋斗就是提供动力的风,让人生之船驶向波澜壮阔的前方。"

7.设置悬念式

每个人都有一颗好奇的心,在演讲稿的开头设置悬念,能有效地抓住观众的注意力,调动观众的情绪,使观众为了探索悬念的真相而专心倾听演讲。在开头设置悬念之后顺势引入演讲主题能使观众在接受真相的同时也接受演讲主题,从而更容易让演讲主题深入人心。

例如,某位演讲者撰写的《让爱永驻人间》演讲稿,开头是这样的:"世界上有这么一种东西,它能使你在浩瀚无垠的戈壁沙漠中看见希望的绿洲;它能使你在千年不化的冰山雪岭中领略温暖的春意,它能使你在雾海苍茫的人生旅途中拨正偏离的航向;它能使你在荒凉凄冷的孤寂里收获快乐的果实。它是无形的,却有着巨大而有形的力量;它是无声的,却鸣着神奇如春雷一般的回响!也许有人会问:是什么这么伟大?这么神奇?我要说,它就是——爱,是人类对美好生活,对自己同胞的真诚的爱心!"

8.反向切入式

正面切入式是顺理成章、顺其自然地切入演讲主题,反向切入并不是与正向对立,而是脱离观众熟知的视角,以出人意料的角度切入演讲主题,讲究的是出奇制胜。反向切入的角度与观众的惯性思维构成一定的反差,让观众的惯性思维受到"挫折",从而带入新鲜内容,调动观众的积极性,使演讲渐入佳境。

例如,某位演讲者撰写的《我推崇敢于自我否定的女性》演讲稿,开头是这样的:"有人推崇事业上有所作为的女性;有人推崇生活中温柔、贤良的女性;还有人推崇不但在事业上有所作为,而且生活中温柔贤良的女性,我却推崇敢于自我否定的女性。"

(二)撰写演讲稿的主体

主体是演讲稿开头和结尾之间的部分,是演讲稿的核心内容,它既要紧承开头,又要内容充实,逻辑清晰地说明主题,进而激发观众的认同感。一般来说,演讲者在撰写演讲稿的主体时需要注意以下几个要点。

1.承接开头

演讲者在演讲稿的开头提出了某个观点,在主体部分就应该针对这个观点进行详细的论述。如果开头提出了一个观点,主体部分讲的是另一个观点,就会导致整篇演讲稿结构松散,甚至内容偏离主题。

2.选好重点

任何一篇演讲稿都有重点部分和非重点部分、主要部分和次要部分。对于能够突出演讲主题的内容,要着力渲染;对于主题影响不大的话题,要适当修剪,不能喧宾夺主,否则影响主题的发挥。

3.逻辑清晰

演讲稿主体部分的内容无论是叙事、说理还是抒情,都要紧扣演讲主题,逻辑清晰。为了增强演讲稿主体部分的层次性,在撰写演讲稿主体时,可以采取以下四种结构布局。

(1)直叙式结构。直叙式结构是指以时间先后的顺序,或以事情的发生、发展及变化的顺序来写作。这种结构虽然层次单一,但是能清楚地说明事情的来龙去脉,常用于介绍个人成长过程、他人先进事迹、企业发展历程等。

(2)递进式结构。递进式结构是指将演讲主题分解成若干个分论点,然后对分论点进行逐个论述,从而形成层层递进、步步深入的论证步骤。一般来说,在这种结构布局中,先讲什么内容、后讲什么内容都是有严密的逻辑的,各个内容的顺序一般是不能调换的。

(3)并列式结构。并列式结构是指围绕演讲主题,从不同的角度进行论证。各个论证的内容之间是平等、并列的关系,且位置可以互相调换。

（4）对比式结构。对比式结构是指采用同类对比或正反对比的方式对演讲主题进行论证，即在分论点与分论点之间、段落与段落之间形成对比，让观众从对比中理解并接受演讲者的观点。例如，演讲者撰写以"讲究诚信"为主题的演讲稿，就可以分别从讲究诚信如何促使人获得成功，不讲究诚信如何导致人失败，正反两个角度进行论述，给人以启示。

（三）撰写演讲稿的结尾

文章的写作讲究"凤头豹尾"，演讲稿同样如此。好的结尾不仅能使演讲稿的主题得到升华，还能发人深省，感召观众，激发观众的共鸣，大大提高演讲的说服力。演讲者在撰写演讲稿的结尾时可以采用以下五种方法。

1.总结式

总结式结尾就是演讲者在结尾时用简明扼要的语言对演讲的内容和观点进行概括和总结，以突出中心、强化主题，加深观众对演讲主题的印象。例如，某位演讲者在《人生需要拼搏》演讲稿中这样结尾："朋友们，我们还年轻，没有资格轻视自己。我们都可以成为雄鹰，尽情地翱翔于天空。我们可以选择不同的飞翔方向，但不可以拒绝飞翔！人来世间走一回，如果只是虚度光阴，我们的人生将会是多么无趣！只要敢于展现自我，敢于拼搏，你总能找到最佳的表现时机。请记住，翅膀属于天空，年轻只有这一次，请记住——人生需要拼搏！"

2.首尾呼应式

首尾呼应式结尾就是结尾和开头互相呼应，从而达到深化主题的目的。例如，在《人的命运是不可能被注定的》演讲稿中，演讲者在开头开门见山地指出了演讲的主题："大家好，今天能在这里和大家面对面地进行交流，我感到非常荣幸！在此我希望和大家分享我的一段经历，告诉大家一句对我的人生产生重要影响的话——人的命运是不可能被注定的！"

在演讲稿的结尾，演讲者呼应开头再次强调了演讲主题："最后，我送给大家一句话，这句话就是我在开头告诉大家的——人的命运是不可能被注定的！让我们扼住命运的咽喉，做一名生命的强者！愿各位年轻朋友都挺起胸膛，勇敢地去追求幸福的生活，去创造属于自己的辉煌人生！"

3.号召式

号召式结尾就是演讲者以慷慨激昂、热情澎湃的语言向观众发出呼唤,或提出希望,或发出号召,以激发观众的情感共鸣,尽可能地刺激观众产生某种行为。例如,某演讲稿的结尾是这样的:"朋友们,我的演讲马上就要结束了,我最后呼吁大家积极关注气候变暖现象,将自己的行动付诸实际,让我们共同为保护地球环境献出一份力!"

4.引用式

所谓引用式结尾,就是指演讲者可以引用名人名言或诗词作为演讲稿的结尾。推崇权威是一种普遍存在的社会心理,引用名人名言来结束演讲,能有效提升演讲内容的权威性,增强演讲内容的说服力。在撰写演讲稿的结尾时,可以采用这种写法:"最后,我想引用××的一句话来结束我的演讲……""最后我把××的一句话送给大家共勉……"演讲者也可以选用一些脍炙人口、哲理性强或抒情性强的诗词作为演讲稿的结尾,让演讲稿显得典雅而富有魅力,给观众带来清新、优雅的感觉。

5.幽默式

除了在庄重场合发表的演讲外,演讲者可以用一段有趣的话作为演讲稿的结尾,这样可以使演讲稿更具趣味性,为观众营造愉快的氛围。在利用幽默的语言来作为演讲稿的结尾时,要做到自然、真实,保证幽默的语言与演讲主题相契合,不要矫揉造作、装腔作势,否则只会引起观众的反感。

劳动材料

纸、笔、计算机、PPT、道具、话筒等。

安全保障

(1)撰写演讲稿的过程中,注意保持网络畅通,及时保存文稿,避免数据丢失。

(2)在演讲准备过程中,注意合理饮食、劳逸结合,避免打疲劳战。

(3)调整好心态,避免过度紧张造成身体不适。

劳动任务

以"中国梦·劳动美"为主题撰写一篇演讲稿,并参加学校组织的演讲比赛。

劳动实施

(1)分析演讲主题,明确演讲目的。

(2)了解观众的性别、年龄、文化水平、职业情况等,分析观众的需求。

(3)分析演讲时间和环境因素。

(4)撰写演讲稿。

(5)准备演讲中的辅助工具,比如PPT。

(6)预演练习,包括朗读并记忆演讲稿,设计演讲节奏,设计手势和表情等。

(7)调整心态,做好心理准备。

劳动留影

演讲前准备的工作照、台上演讲的个人风采照。

劳动总结

请结合本次劳动实践中的切身体会,总结所识所获、所成所得、所感所悟,并对此次劳动实践的总体表现进行自评,同时邀请本次劳动的指导人员、协助人员或见证人员进行评价。

姓　名		学　院	
班　级		学　号	
总　结	知识增长： 能力提升： 感悟升华：		
自　评	优点： 缺点：		
他　评	评语： 改进建议：		

延伸阅读

垃圾分类已成上海市民"新时尚"

自2019年7月1日《上海市生活垃圾管理条例》施行以来，垃圾分类投放已然成为上海社区居民的"新时尚"。上海的小区中，大多数居民区的垃圾分类投放工作井然有序，垃圾分类新时尚蔚然成风。

"对国家社会有益的事情，我们就要去做。"在长宁区北新泾街道新泾八村做了1个月志愿者的陈阿姨已年逾古稀，"通过做志愿者，我在小区里结识了很多朋友。原来邻里之间互不往来，现在都很熟络了。不少年轻人看到我这么大年纪还在帮他们分垃圾，就不好意思不自己分了。"

多数居民均表示，虽然"定时定点"分类投放垃圾让他们在一定程度上失去了"扔垃圾自由"，但这关系到生活环境的改善和资源的节约，是造福子孙后代的"大好事"，因此理应克服困难，改变固有的垃圾投放习惯。

"新时尚"为何能获得广泛认同？

"为培养居民垃圾分类的文明习惯，居委会走进居民的家门，送上'三件套'入户包——一本垃圾分类指导手册、一个冰箱贴和一只挂壁式垃圾袋支架。手册由志愿者手绘；冰箱贴上印着自编的分类口诀和分类搜索二维码；垃圾袋支架是专门定制的，可在橱柜门上夹个塑料袋，湿垃圾就能很方便地'撸'进袋子里。"虹叶居民区党总支书记王静华说。居委会和志愿者们还在小区进行了一系列宣讲活动，横幅、海报、撤桶通知牌、分类指示牌等悉数"上岗"……

"投放点开放期间，有志愿者、保洁工守着；但延时投放点没有志愿者指导，分类的效果相对没有那么好，有时会出现垃圾错分的现象。"薛勇强表示，"目前，24小时投放点仍需要物业、保安、保洁加强巡查，发现堆放的垃圾后及时处理，也鼓励居民相互进行文明监督。"

此外，有的小区还通过先进表彰、社区红黑榜等方式，增强居民垃圾分类积极性，让人人崇尚垃圾分类"新时尚"。"公布红黑榜，是为了督促那些垃圾分类做得还不好的楼层居民向做得好的居民看齐。原先一些觉得分不分类无所谓的居民坐不住了,觉得自己楼层被贴了'哭脸'很丢脸。"瑞虹第一社区党总支书记华磊说。

在"精细化""科学化"的推进下,少数社区居民从不理解、不配合到认识到垃圾分类的必要性和迫切性,提高了自身的环保意识,让垃圾分类"新时尚"在上海落地开花。

参考文献

[1] 乐国安. 社会心理学[M]. 广州：广东高等教育出版社，2006.

[2] 李珂. 嬗变与审视：劳动教育的历史逻辑与现实重构[M]. 北京：社会科学文献出版社，2019.

[3] 林嘉. 劳动法的原理、体系与问题[M]. 北京：法律出版社，2016.

[4] 刘向兵. 新时代高校劳动教育论纲[M]. 北京：社会科学文献出版社，2019.

[5] 高文阁. 当代大学生应同时树立三种劳动态度[J]. 现代教育科学：高教研究，2001（6）：34-35，39.

[6] 吴向东. 论价值观的形成与选择[J]. 哲学研究，2008(5)：22-28，57.

[7] 杜先伟. 论大学生新时代劳动精神培养[J]. 教育评论，2019(4)：16-20.

[8] 陈少平. 新时代大学生社会实践教程[M]. 厦门：厦门大学出版社，2020.

[9] 赵健. 大学生职业观教育研究[M]. 武汉：武汉大学出版社，2017.

[10] 杨河清. 劳动经济学[M]. 5版. 北京：中国人民大学出版社，2018.